理學叢書

周敦頤集

〔宋〕周敦頤 著
陳克明 點校

圖書在版編目(CIP)數據

周敦頤集/(宋)周敦頤著;陳克明點校. —北京:中華書局,1990.5(2025.4 重印)
(理學叢書)
ISBN 978-7-101-00463-2

Ⅰ. 周… Ⅱ. ①周…②陳… Ⅲ. 周敦頤(1017~1073)-文集 Ⅳ. B224.2-53

中國版本圖書館 CIP 數據核字(2008)第 152194 號

責任編輯:王 娟
封面設計:周 玉
責任印製:管 斌

理學叢書
周敦頤集
〔宋〕周敦頤 著
陳克明 點校

*

中華書局出版發行
(北京市豐臺區太平橋西里 38 號 100073)
http://www.zhbc.com.cn
E-mail:zhbc@zhbc.com.cn
河北博文科技印務有限公司印刷

*

850×1168 毫米 1/32 · 5¾印張 · 2 插頁 · 87 千字
1990 年 5 月第 1 版 2009 年 2 月第 2 版
2025 年 4 月第 13 次印刷
印數:26201-27700 冊 定價:24.00 元

ISBN 978-7-101-00463-2

理學叢書出版緣起

理學也稱道學、性理之學或義理之學，興起於北宋。主要代表人物有程顥、程頤，相與論學的有張載、邵雍，後人又溯及二程的本師周敦頤，合稱「北宋五子」。南宋朱熹繼承和發展了二程學說，並汲取周、張、邵學説的部分内容，加以綜合，熔鑄成龐大的體系，建立了理學中居主流地位的學派；與此同時，也有以陸九淵爲代表的理學别派與之對峙。南宋末，朱學確立了主導地位。元代理學北傳，流播地區更廣。明代，程朱理學仍是正統官學，但陳獻章由宗朱轉而宗陸，王陽明繼之鼓吹心學，形成了理學中另一占主流地位的學派。清初理學盛極而衰，雖仍有勢力，但頽勢已難挽回，一世學風逐漸轉變爲以乾嘉樸學爲主流。理學從産生到式微，經歷約七個世紀。而它在思想界影響的廣泛深入，超過兩漢經學、魏晉玄學、南北朝隋唐的佛學。

理學繼承古代儒學，融會佛老，探討了宇宙本原、認識真理的方法途徑、世界的規律性和人類本性等哲學問題，提出了比較完整的哲學體系，並涉及道德、教育、宗教、政治等諸多領域，繼承改造了許多舊有的哲學範疇和命題，也提出了不少新的範疇和命題，進行了細緻的推究。「牛毛繭絲，無不辨晰」（黄宗羲明儒學案凡例），雖有煩瑣的一面，也有精密的一面。就理論思維的精密程度而論，確有度越前代之處。在我國哲學思想發展史上起過重大的作用，在國際上也有影響。作爲民族哲學遺産的一部分，我們没有理由無視它的歷史存在。

建國以來，學術界對理學的研究取得了很大成績。但在一段時間内，由於「左」的思想影響，妨礙了對理學進行實事求是、全面系統的研究，有關古籍、資料的整理也未能很好地開展。近幾年情況有了很大變化，有關的論文、專著多起來了，有關的學術討論會也不斷召開。爲配合研究需要，國務院古籍整理出版規劃小組制訂的一九八二至一九九〇年的古籍整理出版規劃中列入了理學叢書，並開列了選目。這套叢書將由中華書局陸續出版。

理學著作極爲繁富，有大量經注、語録、講義和文集。私人撰述之外，又有官修的讀物如性理大全、性理精義。也有較通俗的以至訓蒙的作品，使理學得以向下層傳播。本叢書只收其中較有代表性的著作。凡收入的書，一般只做點校，個别重要而難懂的可加注釋，或選擇較有參考價值的舊注本進行點校。

熱切期望學術界關心和大力支持這項工作。

中華書局編輯部　一九八三年五月

據鄧顯鶴編周子全書複製

濂溪先生像贊

宋 朱熹

道喪千載，聖遠言湮。不有先覺，孰開我人。書不盡言，圖不盡意。風月無邊，庭草交翠。

濂溪先生遺像記

明 宋濂

濂溪周子，顔玉潔。額以下漸廣，至顴而微收，然頤下豐腴。修目末微聳，疏朗微長。頰上稍有髯。三山帽後有帶。紫衣褒袖，緣以皂白；内服緣如之。裳無緣，爲赤色。袖手而立，清明高遠，不可測其端倪！

均録自鄧顯鶴編周子全書

校點説明

周敦頤，字茂叔，宋道州營道（今湖南省零陵縣）人。原名敦實，避宋英宗舊諱，改名。他是宋代理學的創始者之一。本人著作不多，由於得到朱熹、張栻等理學家的推崇，在後來理學界的影響很大。清康熙曾稱之爲「有宋理學之宗祖」（見性理精義）。

我們這次整理、點校周敦頤的著作，找到五種版本，按時間先後排列爲：（一）明嘉靖五年吕柟編宋四子抄釋内周子抄釋，後收入惜陰軒叢書（簡稱吕本）。（二）清康熙四十七年張伯行編周濂溪先生全集，版藏於福州正誼書院（簡稱張本）。（三）清乾隆二十一年江西分巡吉南贛寧道董榕編輯進呈本周子全書（簡稱董本）。（四）清道光二十七年鄧顯鶴根據道州濂溪志原本編輯周子全書（簡稱鄧本）。（五）清光緒十三年賀瑞麟編輯周子全書，版藏於傳經堂（簡稱賀本）。解放前商務印書館編叢書集成時，曾根據張本排印，稱周濂溪集。

上述五種版本，以吕本爲最簡要，董本爲最龐雜。而張本和鄧本則比較接近，但也不完全相同。賀本實脱胎於吕本，不過又外加題名、年譜、傳畧等有關材料，較爲適用。正如賀瑞麟在序中所説的：是書能得「周子精要之所在」。

這次整理，以賀本爲基礎，參照其他各種版本，進行互校，訂正其訛誤，並加標點，以便讀者。

除周敦頤原著外，我們將傳畧、墓誌銘、年譜等編爲附録一，各種版本的序跋編爲附録二，有關太極圖及圖説的各種資料，尤其是清人毛奇齡的太極圖説遺議，綜述了太極圖及圖説的演變過程及其與道、佛的關係，較爲重要，編爲附録三。目的是爲了讀者閲讀和查找資料方便。但原來各種版本多收有宋、元、明、清理學家們對周著的發揮、議論以及封謚等等，則一概從略。

限於水平，錯誤之處，在所難免，望加指正。

陳克明

一九八一年十二月二十日

周子全書序

孔孟而後，千有餘年，聖人之道不傳。道非不傳也，以無傳道之人耳。漢四百年得一董子，唐三百年得一韓子，皆不足與傳斯道。至宋周子出，而始續其統，後世無異詞焉。顧當時知其人、知其學者實罕，惟程大中知之，使二程受學。而其書亦未顯也。其後雖有刊本，往往附太極圖於通書之後，又有妄增圖說首句，作「自無極而爲太極」，或且以太極圖出於希夷，而疑其近於老子之說。自子朱子大加是正，其所編定，有長沙本、建安本、南康本，最後有延平本，删去重複，益求精審，而後周子之書之真乃得而見。歷年久遠，無復宋本，爲可惜。

曩睹濂溪志，純雜互載，頗嫌煩蕪，而張清恪公所刻全書，附録雖多發明，亦半出於朱子之作，無極太極之辨，祠堂書堂之記，自有文集可考。

是刻大抵不失朱子之舊，而附以注解。文、詩依清恪本增多數篇，年譜、本傳皆不可少，餘亦不敢泛引。讀者苟專力於是書，或有以得周子精要之所在，而上承洙泗，下啓洛閩，綿聖傳於不墜，振道統於中興，所謂不由師傳，再闢渾淪者，於此亦可知矣。光緒丁亥冬月，三原賀瑞麟謹識。

周敦頤集目録

書

賦

詩

附録一

附録二

附録三

周敦頤集卷一

太極圖 朱熹解附①

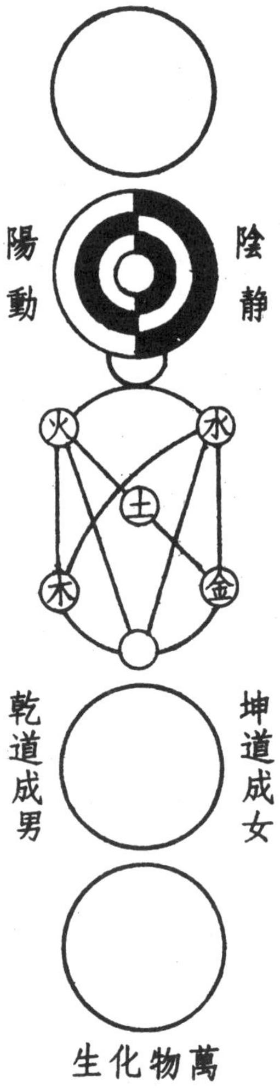

○，此所謂無極而太極也，所以動而陽、靜而陰之本體也。然非有以離乎陰陽也，即陰陽而指其本體，不雜乎陰陽而爲言耳。◎，此○之動而陽，靜而陰也。中○者，其本體也。◑者，陽之動也，○之用所以行也。◐者，陰之靜也，○之體所以立也。◐者，

① 「朱熹」原作「朱子」，今改。

之根也。者，之根也。，此陽變陰合，而生水、火、木、金、土也。〜者，陽之變也。〜者，陰之合也。㊌陰盛，故居右。㊋陽盛，故居左。㊍陽穉，故次火；㊎陰穉，故次水；㊏沖氣，故居中。而水火之)(交系乎上，陰根陽，陽根陰也。水而木，木而火，火而土，土而金，金而復水，如環無端，五氣布，四時行也。，五行一陰陽，五殊二實，無餘欠也。陰陽一太極，精粗本末，無彼此也。太極本無極，上天之載，無聲臭也。五行之生，各一其性，氣殊質異，各一其○，無假借也。①，此無極二五所以妙合而無間也。○，乾男坤女，以氣化者言也，各一其性，而男女一太極也。○，萬物化生，以形化者言也，各一其性，而萬物一太極也。此以上引說解剥圖體，此以下據圖推盡說意。惟人也，得其秀而最靈，則所謂人○者，於是乎在矣。然形，之爲也。神，之發也。五性，之德也。善惡，男女之分也。萬事，萬物之象也。此天下之動，所以紛綸交錯，而吉凶悔吝所由以生也。惟聖人者，

① 原作，據吳興費氏本改。

又得夫秀之精一，而有以全乎○之體用者也。是以一動一靜，各臻其極，而天下之故，常感通乎寂然不動之中。蓋中也、仁也、感也，所謂◐也，○之用所以行也。正也、義也、寂也，所謂◑也，○之體所以立也。中正仁義，渾然全體，而靜者常爲主焉。則人○於是乎立，而○◎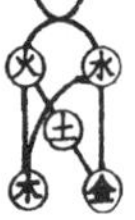天地日月，四時鬼神，有所不能違矣。君子之戒慎①恐懼，所以修此而吉也；小人之放僻邪侈，所以悖此而凶也。天地人之道，各一○也。陽也，剛也，仁也，所謂◐也，物之始也；陰也，柔也，義也，所謂◑也，物之終也。此所謂易也，而三極之道立焉，實則一○也。故曰「易有太極」，◎之謂也。

太極圖說 朱熹解附　並附朱熹辯及注後記②

無極而太極。

① 「慎」原作「謹」，據張、董、鄧三本改。呂本亦作「謹」。編者按：「戒慎恐懼」語本中庸，「慎」字改「謹」，乃避宋孝宗趙昚諱。「昚」即「慎」字。

② 「朱熹」原作「朱子」，今改。

上天之載，無聲無臭，而實造化之樞紐，品彙之根柢也。故曰：「無極而太極。」非太極之外，復有無極也。

太極動而生陽，動極而靜，靜而生陰。靜極復動。一動一靜，互爲其根；分陰分陽，兩儀立焉。

太極之有動靜，是天命之流行也，所謂「一陰一陽之謂道」。誠者，聖人之本，物之終始，而命之道也。其動也，誠之通也，繼之者善，萬物之所資以始也；其靜也，誠之復也，成之者性，萬物各正其性命也。動極而靜，靜極復動，一動一靜，互爲其根，命之所以流行而不已也；動而生陽，靜而生陰，分陰分陽，兩儀立焉，分之所以一定而不移也。蓋太極者，本然之妙也；動靜者，所乘之機也。太極，形而上之道也；陰陽，形而下之器也。是以自其著者而觀之，則動靜不同時，陰陽不同位，而太極無不在焉。自其微者而觀之，則沖漠無朕，而動靜陰陽之理，已悉具於其中矣。雖然，推之於前，而不見其始之合；引之於後，而不見其終之離也。故程子曰：「動靜無端，陰陽無始。」非知道者，孰能識之。

陽變陰合，而生水、火、木、金、土。五氣順布，四時行焉。

有太極，則一動一靜而兩儀分；有陰陽，則一變一合而五行具。然五行者，質具於地，而氣行於天者也。以質而語其生之序，則曰水、火、木、金、土，而水、木，陽也，火、金，陰也。以氣而語其行之序，則曰木、火、土、金、水，而木、火，陽也，金、水，陰也。又統而言之，則氣陽而質陰也；又錯而言之，則動陽而靜陰也。蓋五行之變，至於不可窮，然無適而非陰陽之道。至其所以爲陰陽者，則又無適而非太極之本然也，夫豈有所虧欠間隔哉！

五行，一陰陽也；陰陽，一太極也；太極，本無極也。五行之生也，各一其性。

五行具，則造化發育之具無不備矣，故又即此而推本之，以明其渾然一體，莫非無極之妙；而無極之妙，亦未嘗不各具於一物之中也。蓋五行異質，四時異氣，而皆不能外乎陰陽；陰陽異位，動靜異時，而皆不能離乎太極。至於所以爲太極者，又初無聲臭之可言，是性之本體然也。天下豈有性外之物哉！然五行之生，隨其氣質而所稟不同，所謂「各一其性」也。各一其性，則渾然太極之全體，無不各具於一物之中，而性之無所不在，又可見矣。

無極之真，二五之精，妙合而凝。「乾道成男，坤道成女」，二氣交感，化生萬物。萬物生生，而變化無窮焉。

夫天下無性外之物，而性無不在，此無極、二五所以混融而無間者也，所謂「妙合」者也。「真」以理言，無妄之謂也；「精」以氣言，不二之名也；「凝」者，聚也，氣聚而成形也。蓋性爲之主，而陰陽五行爲之經緯錯綜，又各以類凝聚而成形焉。陽而健者成男，則父之道也；陰而順者成女，則母之道也。是人物之始，以氣化而生者也。氣聚成形，則形交氣感，遂以形化，而人物生生，變化無窮矣。自男女而觀之，則男女各一其性，而男女一太極也；自萬物而觀之，則萬物各一其性，而萬物一太極也。蓋合而言之，萬物統體一太極也；分而言之，一物各具一太極也。所謂天下無性外之物，而性無不在者，於此尤可以見其全矣。子思子曰：「君子語大，天下莫能載焉；語小，天下莫能破焉。」此之謂也。

惟人也，得其秀而最靈。形既生矣，神發知矣，五性感動，而善惡分，萬事出矣。

此言衆人具動静之理，而常失之於動也。蓋人物之生，莫不有太極之道焉。然陰陽五行，氣質交運，而人之所稟獨得其秀，故其心爲最靈，而有以不失其性之全，所謂天地之心，而人之極也。然形生於陰，神發於陽，五常之性，感物而動，而陽善、陰惡，又以類分，而五性之殊，散爲萬事。蓋二氣五行，化生萬物，其在人者又如此。自非聖人全體太極有以定之，則欲動情勝，利害相攻，人極不立，而違禽獸不遠矣。

聖人定之以中正仁義，聖人之道，仁義中正而已矣。而主静，無欲故静。立人極焉。故「聖人與天地合其德，日月合其明，四時合其序，鬼神合其吉凶」。

此言聖人全動靜之德，而常本之於靜也。蓋人稟陰陽五行之秀氣以生，而聖人之生，又得其秀之秀者。是以其行之也中，其處之也正，其發之也仁，其裁之也義。蓋一動一靜，莫不有以全夫太極之道，而無所虧焉，則向之所謂欲動情勝、利害相攻者，於此乎定矣。然靜者誠之復，而性之真也。苟非此心寂然無欲而靜，則又何以酬酢事物之變，而一天下之動哉！故聖人中正仁義，動靜周流，而其動也必主乎靜。此其所以成位乎中，而天地日月、四時鬼神，有所不能違也。蓋必體立、而後用有以行，若程子論乾坤動靜，而曰：「不專一則不能直遂，不翕聚則不能發散」，亦此意爾。

君子修之吉，小人悖之凶。

聖人太極之全體，一動一靜，無適而非中正仁義之極，蓋不假修爲而自然也。未至此而修之，君子之所以吉也；不知此而悖之，小人之所以凶也。修之悖之，亦在乎敬肆之間而已矣。敬則欲寡而理明，寡之又寡，以至於無，則靜虛動直，而聖可學矣。

故曰：「立天之道，曰陰與陽；立地之道，曰柔與剛；立人之道，曰仁與義。」又曰：「原始反終，故知死生之說。」

陰陽成象，天道之所以立也；剛柔成質，地道之所以立也；仁義成德，人道之所以立也。道一而已，隨事著見，故有三才之別，而於其中又各有體用之分焉，其實則一太極也。陽也，剛也，仁也，物之始也；陰也，柔也，義也，物之終也。能原其始，而知所以生，則反其終而知所以死矣。此天地之間，綱紀造化，流行古今，不言之妙。聖人作易，其大意蓋不出此，故引之以證其說。

大哉易也，斯其至矣！

易之爲書，廣大悉備，然語其至極，則此圖盡之。其指豈不深哉！抑嘗聞之，程子昆弟之學於周子也，周子手是圖以授之。程子之言性與天道，多出於此。然卒未嘗明以此圖示人，是則必有微意焉。學者亦不可以不知也。

〔附辯〕①　愚既爲此說，讀者病其分裂已甚，辨詰紛然，苦於酬應之不給也，故總而論之。大抵難者：或謂不當以繼善成性分陰陽，或謂不當以太極陰陽分道器，或謂不當以仁義中正分體用，或謂不當言一物各具一太極。又有謂體用一源，不可言體立而後用行者；又有謂仁爲統體②，不可偏指爲陽動者；又有謂仁義中正之分，不當反其類

①「附辯」原作「論曰」，據張本、董本改。
②張本「統體」下有注云：「原作體統。」董本「統體」作「體統」。

者。是數者之説，亦皆有理。然惜其於聖賢之意，皆得其一而遺其二也。夫道體之全，渾然一致，而精粗本末、内外賓主之分，粲然於其中，有不可以毫釐差者。此聖賢之言，所以或離或合，或異或同，而乃所以爲道體之全也。今徒知所謂渾然者之爲大而樂言之，而不知夫所謂粲然者之未始相離也。是以信同疑異，喜合惡離，其論每陷於一偏，卒爲無星之稱，無寸之尺而已。豈不誤哉！

夫善之與性，不可謂有二物，明矣①！然繼之者善，自其陰陽變化而言也；成之者性，自夫人物稟受而言也。陰陽變化，流行而未始有窮，陽之動也；人物稟受，一定而不可易②，陰之靜也。以此辨之，則亦安得無二者之分哉！然性善，形而上者也；陰陽，形而下者也。周子之意，亦豈直指善爲陽而性爲陰哉。但語其分，則以爲當屬之此耳。陰陽太極，不可謂有二理必矣。然太極無象，而陰陽有氣，則亦安得而無上下之殊哉！此其所以爲道器之别也。故程子曰：「形而上爲道，形而下爲器，須著如此説。然器，亦道也，道，亦器也。」得此意而推之，則庶乎其不偏矣。

① 張本、董本無「明」字。
② 「易」上原有「復」字，據張本、董本删。

仁義中正，同乎一理者也。而析爲體用，誠若有未安者。然仁者，善之長也；中者，嘉之會也；義者，利之宜也；正者，貞之體也。而元亨者，誠之通也；利貞者，誠之復也。是則安得爲無體用之分哉！

萬物之生，同一太極者也。而謂其各具，則亦有可疑者。然一物之中，天理完具，不相假借，不相陵奪，此統之所以有宗，會之所以有元也。是則安得不曰各具一太極①哉！

若夫所謂體用一源者，程子之言蓋已密矣。其曰「體用一源」者，以至微之理言之，則沖漠無朕，而萬象昭然已具也。其曰「顯微無閒」者，以至著之象言之，則即事即物，而此理無乎不在也。言理則先體而後用，蓋舉體而用之理已具，是所以爲一源也。言事則先顯而後微，蓋即事而理之體可見，是所以爲無閒也。然則所謂一源者，是豈漫無精粗先後之可言哉？況既曰體立而後用行，則亦不嫌於先有此而後有彼矣。

所謂仁爲統體者②，則程子所謂專言之而包四者是也。然其言蓋曰四德之元，猶五常之仁，偏言則一事，專言則包四者，則是仁之所以包夫四者，固未嘗離夫偏言之一事，

① 「太極」原作「理」，據張本、董本改。
② 張本「統體」下有注云：「原作體統。」

亦未有不識夫偏言之一事而可以驟語夫專言之統體者也①。況此圖以仁配義，而復以中正參焉。又與陰陽剛柔爲類，則亦不得爲專言之矣，安得遽以夫統體者言之，而昧夫陰陽動静之别哉。至於中之爲用，則以無過不及者言之，而非指所謂未發之中也。仁不爲體，則亦以偏言一事者言之，而非指所謂專言之仁也。對此而言，則正者所以爲中之榦，而義者所以爲仁之質，又可知矣。其爲體用，亦豈爲無説哉？大抵周子之爲是書，語意峻潔而混成，條理精密而疏暢。讀者誠能虚心一意，反覆潛玩，而毋以先入之説亂焉，則庶幾其有得乎周子之心，而無疑於紛紛之説矣。

〔注後記〕② 熹既爲此説，嘗録以寄廣漢張敬夫。敬夫以書來曰：「二先生所與門人講論問答之言，見於書者詳矣。其於西銘，蓋屢言之，至此圖，則未嘗一言及也，謂其必有微意，是則固然。然所謂微意者，果何謂耶？」熹竊謂以爲此圖立象盡意，剖析幽微，周子蓋不得已而作也。觀其手授之意，蓋以爲惟程子爲能當之。至程子而不言，則疑其未有能受之者爾。夫既未能默識於言意之表，則馳心空妙，入耳出口，其弊必

① 張本「統體」下有注云：「原作體統。」
② 「注後記」三字據董本補。

有不勝言者。近年已覺頗有此弊矣。觀其答張閎中論易傳成書，深患無受之者，及東見録中論横渠清虚一大之説，使人向别處走，不若且只道敬，則其意亦可見矣。若西銘則推人以之天，即近以明遠，於學者日用最爲親切，非若此書詳於性命之原，而略於進爲之目，有不可以躐而語者也。孔子雅言詩、書、執禮，而於易則鮮及焉。其意亦猶此耳。韓子曰：「堯舜之利民也大，禹之慮民也深。」熹於周子、程子亦云。既以復於敬夫，因記其説於此。乾道癸巳四月既望，熹謹書。

周敦頤集卷二

通書 朱熹解附

誠上第一

誠者，聖人之本。

誠者，至實而無妄之謂，天所賦、物所受之正理也。人皆有之，而聖人之所以聖者無他焉，以其獨能全此而已。此書與太極圖相表裏。誠即所謂太極也。

「大哉乾元，萬物資始」，誠之源也。

此上二句，引易以明之。乾者，純陽之卦，其義爲健，乃天德之别名也。元，始也。資，取也。言乾道之元，萬物所取以爲始者，乃實理流出，以賦於人之本。如水之有源，即圖之「陽動」也。

「乾道變化，各正性命」，誠斯立焉。

此上二句亦易文。天所賦爲命，物所受爲性。言乾道變化，而萬物各得受其所賦之正，則實理於是而各爲一物之主矣，即圖之「陰静」也。

純粹至善者也。

純，不雜也。粹，無疵也。此言天之所賦，物之所受，皆實理之本然，無不善之雜也。

故曰：「一陰一陽之謂道，繼之者善也，成之者性也。」

此亦易文。陰陽，氣也，形而下者也。所以一陰一陽者，理也，形而上者也。道，即理之謂也。繼之者，氣之方出而未有所成之謂也。善則理之方行而未有所立之名也，陽之屬也，誠之源也。成則物之已成，性則理之已立者也，陰之屬也，誠之立也。

元、亨，誠之通；利、貞，誠之復。

元始，亨通，利遂，貞正，乾之四德也。通者，方出而賦於物，善之繼也。復者，各得而藏於己，性之成也。此於圖已爲五行之性矣。

大哉易也，性命之源乎！

易者，交錯代換之名。卦爻之立，由是而已。天地之間，陰陽交錯，而實理流行，一賦一受於其中，亦猶是也。

誠下第二

聖，誠而已矣。

聖人之所以聖，不過全此實理而已，即所謂「太極」者也。

誠，五常之本，百行之源也。

五常，仁、義、禮、智、信，五行之性也。百行，孝、弟、忠、信之屬，萬物之象也。實理全，則五常不虧，而百行修矣。

靜無而動有，至正而明達也。

方靜而陰，誠固未嘗無也。以其未形，而謂之無耳。及動而陽，誠非至此而後有也，以其可見而謂之有耳。靜無，則至正而已；動有，然後明與達者可見也。

五常百行，非誠，非也，邪暗，塞也。

非誠，則五常百行皆無其實，所謂不誠無物者也。靜而不正，故邪；動而不明、不達，故暗且塞。

故誠則無事矣。

誠則衆理自然，無一不備，不待思勉，而從容中道矣。

至易而行難。

實理自然，故易；人僞奪之，故難。

果而確，無難焉。

果者，陽之決；確者，陰之守。決之勇，守之固，則人僞不能奪之矣。

故曰：「一日克己復禮，天下歸仁焉。」

克去己私，復由天理，天下之至難也。然其機可一日而決，其效至於天下歸仁，果確之無難如此。

誠幾德第三

誠，無爲；

實理自然，何爲之有！即「太極」也。

幾，善惡。

幾者，動之微，善惡之所由分也。蓋動於人心之微，則天理固當發見，而人欲亦已萌乎其間矣。此陰陽之象也。

德：愛曰仁，宜曰義，理曰禮，通曰智，守曰信。

道之得於心者，謂之德，其别有是五者之用，而因以名其體焉，即五行之性也。

性焉、安焉之謂聖。

性者，獨得於天；安者，本全於己；聖者，大而化之之稱。此不待學問勉强，而誠無不立，幾無不明，德無不備者也。

復焉、執焉之謂賢。

復者，反而至之；執者，保而持之；賢者，才德過人之稱。此思誠研幾以成其德，而有以守之者也。

發微不可見，充周不可窮之謂神。

發之微妙而不可見，充之周徧而不可窮，則聖人之妙用而不可知者也。

聖第四

寂然不動者，誠也；感而遂通者，神也；動而未形、有無之閒者，幾也。

本然而未發者，實理之體，善應而不測者，實理之用。動静體用之閒，介然有頃之際，則實理發見之端，而衆事吉凶之兆也。

誠精故明，神應故妙，幾微故幽。

「清明在躬，志氣如神」，精而明也；「不疾而速，不行而至」，應而妙也；理雖已萌，事則未著，微而幽也。

誠、神、幾，曰聖人。

性焉、安焉，則精明應妙，而有以洞其幽微矣。

慎動第五

動而正，曰道。

動之所以正，以其合乎衆所共由之道也。

用而和，曰德。

用之所以和，以其得道於身，而無所待於外也。

匪仁，匪義，匪禮，匪智，匪信，悉邪矣。

所謂道者，五常而已。非此，則其動也邪矣。

邪動，辱也；甚焉，害也。

故君子慎動。

無得於道，則其用不和矣。

動必以正，則和在其中矣。

道第六

聖人之道，仁義中正而已矣。

中，即禮。正，即智。圖解備矣。

守之貴，

天德在我，何貴如之！

行之利，

順理而行，何往不利！

廓之配天地。

充其本然並立之全體而已矣。

豈不易簡！豈爲難知！

道體本然故易簡，人所固有故易知。

不守，不行，不廓爾。

言爲之則是，而嘆學者自失其幾也。

師第七

或問曰：「曷爲天下善？」曰：「師。」曰：「何謂也？」曰：「性者，剛柔、善惡，中而已矣。」

此所謂性，以氣稟而言也。

「不達」。曰：「剛善，爲義，爲直，爲斷，爲嚴毅，爲幹固；惡，爲猛，爲隘，爲强梁。柔善，爲慈，爲順，爲巽；惡，爲懦弱，爲無斷，爲邪佞。」

剛柔固陰陽之大分，而其中又各有陰陽，以爲善惡之分焉。惡者固爲非正，而善者亦未必皆得乎中也。

惟中也者，和也，中節也，天下之達道也，聖人之事也。

此以得性之正而言也。然其以和爲中，與中庸不合。蓋就已發無過不及者而言之，如書所謂「允執厥中」者也。

故聖人立教，俾人自易其惡，自至其中而止矣。

易其惡則剛柔皆善，有嚴毅慈順之德，而無强梁懦弱之病矣。至其中，則其或爲嚴毅，或爲慈順也，又皆中節，而無太過不及之偏矣。

故先覺覺後覺，闇者求於明，而師道立矣。

師者所以攻人之惡，正人之不中而已矣。

師道立，則善人多；善人多，則朝廷正，而天下治矣。

此所以爲天下善也。○此章所言剛柔，即易之「兩儀」；各加善惡，即易之「四象」；易又加倍，以爲「八卦」。而此書及圖則止於「四象」，以爲火、水、金、木，而即其中以爲土。蓋道體則一，而人之所見詳略不同，但於本體不差，則並行而不悖矣。

幸第八

人之生，不幸，不聞過；大不幸，無恥。

不聞過，人不告也；無恥，我不仁也。

必有恥，則可教；聞過，則可賢。

有恥，則能發憤而受教；聞過，則知所改而爲賢。然不可教，則雖聞過而未必能改矣。

以此見無恥之不幸爲尤大也。

思第九

洪範曰：「思曰睿，睿作聖。」

睿，通也。

無思，本也；思通，用也。幾動於彼，誠動於此。無思而無不通，爲聖人。

無思，誠也；思通，神也。所謂「誠、神、幾，曰聖人」也。

不思，則不能通微；不睿，則不能無不通。是則無不通，生於通微，通微，生於思。

通微，睿也；無不通，聖也。

故思者，聖功之本，而吉凶之幾也。

思之至，可以作聖而無不通；其次，亦可以見幾通微，而不陷於凶咎。

易曰：「君子見幾而作，不俟終日。」

睿也。

又曰：「知幾其神乎！」

聖也。

志學第十

聖希天，賢希聖，士希賢。

希，望也。字本作晞。

伊尹、顏淵，大賢也。伊尹恥其君不爲堯、舜，一夫不得其所，若撻於市。顏淵「不遷怒，不貳過」，「三月不違仁」。

說見書及論語，皆賢人之事也。

志伊尹之所志，學顏子之所學。

此言「士希賢」也。

過則聖，及則賢，不及則亦不失於令名。

三者隨其所用之淺深，以爲所至之近遠。不失令名，以其有爲善之實也。○胡氏曰：「周子患人以發策決科、榮身肥家、希世取寵爲事也，故曰『志伊尹之所志』。患人以廣聞見、工文詞、矜智能、慕空寂爲事也，故曰『學顏子之所學』。人能志此志，而學此學，則知此書之包括至大，而其用無窮矣。」

順化第十一

天以陽生萬物，以陰成萬物。生，仁也；成，義也。

陰陽，以氣言；仁義，以道言。詳已見圖解矣。

故聖人在上，以仁育萬物，以義正萬民。

賢才輔則天下治。

君取人以身，臣道合而從也。

心純則賢才輔。

事不言思者，欲其不違，則固以思爲主，而必求是四者之實矣。

仁、義、禮、智，五行之德也。動靜，陰陽之用，而言貌、視聽，五行之事也。德不言信，

仁、義、禮、智四者，動靜、言貌、視聽無違之謂純。

純者，不雜之謂，心，謂人君之心。

十室之邑，人人提耳而教，且不及，況天下之廣，兆民之衆哉！曰：純其心而已矣。

治第十二

天下之本在君，君之道在心，心之術在仁義。

故天下之衆，本在一人。道豈遠乎哉！術豈多乎哉！

天地聖人，其道一也。

天道行而萬物順，聖德修而萬民化。大順大化，不見其迹，莫知其然之謂神。

所謂定之以仁義。

衆賢各任其職，則不待人人提耳而教矣。

純心要矣，用賢急焉。

心不純，則不能用賢；不用賢，則無以宣化。

禮樂第十三

禮，理也；樂，和也。

禮，陰也；樂，陽也。

陰陽理而後和，君君、臣臣、父父、子子、兄兄、弟弟、夫夫、婦婦，萬物各得其理，然後和。故禮先而樂後。

此「定之以中正仁義而主静」之意，程子論「敬則自然和樂」，亦此理也。學者不知持敬，而務爲和樂，鮮不流於慢者。

務實第十四

實勝，善也；名勝，恥也。故君子進德修業，孳孳不息，務實勝也。德業有未著，則恐恐然畏人知，遠恥也。小人則僞而已！故君子日休，小人日憂。

實修而無名勝之恥，故休；名勝而無實修之善，故憂。

愛敬第十五

「有善不及？」

設問。人或有善，而我不能及，則如之何？

曰：「不及，則學焉。」

答言。當學其善而已。

問曰：「有不善？」

問人有不善，則何以處之？

曰：「不善，則告之不善。」且勸曰：「庶幾有改乎，斯爲君子。」

答言。人有不善，則告之以不善，而勸其改。告之者，恐其不知此事之爲不善也；勸之者，恐其不知不善之可改而爲善也。

「有善一，不善二，則學其一，而勸其二。」

亦答詞也。言人有善惡之雜，則學其善，而勸其惡。

有語曰：「斯人有是之不善，非大惡也？」則曰：「孰無過，焉知其不能改？改，則爲君子矣。不改爲惡，惡者天惡之。彼豈無畏耶？烏知其不能改！」

此亦答言。聞人有過，雖不得見而告勸之，亦當答之以此。冀其或聞而自改也。有心悖理謂之惡，無心失理謂之過。

故君子悉有衆善，無弗愛且敬焉。

善無不學，故悉有衆善；惡無不勸，故不棄一人於惡。不棄一人於惡，則無所不用其愛敬矣。

動靜第十六

動而無靜，靜而無動，物也。

有形，則滯於一偏。

動而無動，靜而無靜，神也。

神則不離於形，而不囿於形矣。

動而無動，靜而無靜，非不動不靜也。

動中有靜，靜中有動。

物則不通，神妙萬物。

結上文，起下意。

水陰根陽，火陽根陰。

水，陰也，而生於一，則本乎陽也；火，陽也，而生於二，則本乎陰也。所謂「神妙萬物」者如此。

五行陰陽，陰陽太極。

此即所謂「五行一陰陽，陰陽一太極」者，以神妙萬物之體而言也。

四時運行，萬物終始。

此即所謂「五氣順布，四時行焉，無極二五，妙合而凝」者，以神妙萬物之用而言也。

混兮闢兮！其無窮兮！

體本則一故曰混，用散而殊故曰闢。一動一靜，其運如循環之無窮，此兼舉其體用而言也。○此章發明圖意，更宜參考。

樂上第十七

古者聖王制禮法，修教化，三綱正，九疇敘，百姓大和①，萬物咸若。

① 「大」原作「太」，據張本、董本改。

綱，綱上大繩也。三綱者，夫爲妻綱，父爲子綱，君爲臣綱也。疇，類也。九疇，見洪範。若，順也。此所謂理而後和也。

乃作樂以宣八風之氣，以平天下之情。

八音以宣八方之風，見國語。宣，所以達其理之分；平，所以節其和之流。

故樂聲淡而不傷，和而不淫。入其耳，感其心，莫不淡且和焉。淡則欲心平，和則躁心釋。

淡者，理之發；和者，理①之爲。先淡後和，亦主静之意也。然古聖賢之論樂曰：「和而已。」此所謂淡，蓋以今樂形之，而後見其本於莊正齊肅之意耳。

優柔平中，德之盛也；天下化中，治之至也。是謂道配天地，古之極也。

欲心平，故平中；躁心釋，故優柔。言聖人作樂功化之盛如此。或云「化中」當作「化成」。

後世禮法不修，政刑苛紊，縱欲敗度，下民困苦。謂古樂不足聽也，代變新聲，妖淫愁怨，導欲增悲，不能自止。故有賊君棄父，輕生敗倫，不可禁者矣。

廢禮敗度，故其聲不淡而妖淫；政苛民困，故其聲不和而愁怨。妖淫，故導欲而至於

① 「理」原作「和」，據鄧本改。張本作「淡」，董本亦作「和」。

輕生敗倫，愁怨，故增悲而至於賊君棄父。

嗚呼！樂者古以平心，今以助欲；古以宣化，今以長怨。

古今之異，淡與不淡，和與不和而已。

不復古禮，不變今樂，而欲至治者遠矣！

復古禮，然後可以變今樂。

樂中第十八

樂者，本乎政也。政善民安，則天下之心和。故聖人作樂，以宣暢其和心，達於天地，天地之氣，感而太和焉。天地和，則萬物順，故神祇格，鳥獸馴。

聖人之樂，既非無因而強作，而其制作之妙，又能真得其聲氣之元。故其志氣天人交相感動，而其效至此。

樂下第十九

樂聲淡則聽心平，樂辭善則歌者慕，故風移而俗易矣。妖聲豔辭之化也，亦然。

聖學第二十

「聖可學乎？」曰：「可。」曰：「有要乎？」曰：「有。」「請聞焉①。」曰：「一爲要。一者無欲也，無欲則靜虛、動直，靜虛則明，明則通；動直則公，公則溥。明通公溥，庶矣乎！」

此章之指，最爲要切。然其辭義明白，不煩訓解。學者能深玩而力行之，則有以知無極之真，兩儀四象之本，皆不外乎此心，而日用間自無别用力處矣。

公明第二十一

公於己者公於人，未有不公於己而能公於人也。

此爲不勝己私而欲任法以裁物者發。

明不至則疑生。明，無疑也。謂能疑爲明，何啻千里？

此爲不能先覺，而欲以逆詐、億不信爲明者發。然明與疑，正相南北，何啻千里之不相及乎！

① 「聞」原作「問」。據張、董、鄧三本改。

理性命第二十二

厥彰厥微，匪靈弗瑩。

此言理也。陽明陰晦，非人心太極之至靈，孰能明之。

剛善剛惡，柔亦如之，中焉止矣。

此言性也。說見第七篇，即五行之理也。

二氣五行，化生萬物。五殊二實，二本則一。是萬爲一，一實萬分。萬一各正，小大有定。

此言命也。二氣五行，天之所以賦受萬物而生之者也。自其末以緣本，則五行之異，本二氣之實，二氣之實，又本一理之極。是合萬物而言之，爲一太極而已也。自其本而之末，則一理之實，而萬物分之以爲體。故萬物之中，各有一太極，而小大之物，莫不各有一定之分也。〇此章十六章意同。

顏子第二十三

顏子「一簞食，一瓢飲，在陋巷，人不堪其憂，而不改其樂」。

說見論語。

夫富貴，人所愛也。顏子不愛不求，而樂乎貧者，獨何心哉？

設問以發其端。

天地間有至貴至愛可求，而異乎彼者，見其大、而忘其小焉爾。

「至愛」之間，當有「富可」二字。所謂「至貴至富、可愛可求」者。即周子之教程子，「每令尋仲尼顏子樂處，所樂何事」者也。然學者當深思而實體之，不可但以言語解會而已。

見其大則心泰，心泰則無不足。無不足則富貴貧賤處之一也。處之一則能化而齊。故顏子亞聖。

「齊」字意複，恐或有誤。或曰：化，大而化也。齊，齊於聖也。亞，則將齊而未至之名也。

師友上第二十四

天地間，至尊者道，至貴者德而已矣。至難得者人，人而至難得者，道德有於身而已矣。

此略承上章之意，其理雖明，然人心蔽於物欲，鮮克知之。故周子每言之詳焉①。

求人至難得者有於身，非師友，則不可得也已！

① 張本、董本無「周子」二字。

是以君子必隆師而親友。

師友下第二十五

道義者，身有之，則貴且尊。

周子於此一意而屢言之，非複出也。其丁寧之意切矣。

人生而蒙，長無師友則愚。是道義由師友有之。

此處恐更有「由師友」字，屬下句。

而得貴且尊，其義不亦重乎！其聚不亦樂乎！

此重、此樂，人亦少知之者。

過第二十六

仲由喜聞過，令名無窮焉。今人有過，不喜人規，如護疾而忌醫，寧滅其身而無悟也。噫！

勢第二十七

天下，勢而已矣。勢，輕重也。

一輕一重，則勢必趨於重，而輕愈輕，重愈重矣。極重不可反。識其重而亟反之，可也。

重未極而識之，則猶可反也。反之，力也。識不早，力不易也。

反之在於人力，而力之難易，又在識之早晚。力而不競，天也。不識不力，人也。

不識，則不知用力；不力，則雖識無補。天乎？人也，何尤！

問勢之不可反者，果天之所爲乎？若非天，而出於人之所爲，則亦無所歸罪矣。

文辭第二十八

文所以載道也。輪轅飾而人弗庸，徒飾也；況虛車乎！

文所以載道，猶車所以載物。故爲車者必節其輪轅，爲文者必善其詞說，皆欲人之愛而用之。然我飾之而人不用，則猶爲虛飾而無益於實。況不載物之車，不載道之文，雖美其飾，亦何爲乎！

文辭，藝也；道德，實也。篤其實，而藝者書之，美則愛，愛則傳焉。賢者得以學而至之，是爲教。故曰：「言之無文，行之不遠。」

此猶車載物，而輪轅飾也。

然不賢者，雖父兄臨之，師保勉之，不學也；强之，不從也。

此猶車已飾，而人不用也。

不知務道德而第以文辭爲能者，藝焉而已。噫！弊也久矣！

此猶車不載物，而徒美其飾也。○或疑有德者必有言，則不待藝而後其文可傳矣。周子此章，似猶別以文辭爲一事而用力焉。何也？曰：「人之才德，偏有長短，其或意中了了，而言不足以發之，則亦不能傳於遠矣。故孔子曰：『辭達而已矣。』程子亦言：『西銘吾得其意，但無子厚筆力，不能作耳。』正謂此也。然言或可少而德不可無，有德而有言者常多，有德而不能言者常少。學者先務，亦勉於德而已矣。」

聖蘊第二十九

「不憤不啓，不悱不發，舉一隅不以三隅反，則不復也。」

說見論語。言聖人之教，必當其可，而不輕發也。

子曰：「予欲無言。天何言哉！四時行焉，百物生焉。」

說亦見論語。言聖人之道，有不待言而顯者，故其言如此。

然則聖人之蘊，微顏子殆不可見。發聖人之蘊，教萬世無窮者，顏子也。聖同天，不亦深乎！

蘊，中所畜之名也。仲尼無迹，顏子微有迹。故孔子之教，既不輕發，又未嘗自言其道之蘊，而學者惟顏子爲得其全。故因其進修之迹，而後孔子之蘊可見。猶天不言，而四時行，百物生也。

常人有一聞知，恐人不速知其有也，急人知而名也，薄亦甚矣！

聖凡異品，高下懸絕，有不待校而明者。其言此者，正以深厚之極，警夫淺薄之尤耳。

然於聖人言深，常人言薄者，深則厚，淺則薄，上言首，下言尾，互文以明之也。

精蘊第三十

聖人之精，畫卦以示；聖人之蘊，因卦以發。卦不畫，聖人之精，不可得而見。微卦，聖人之蘊，殆不可悉得而聞。

精者，精微之意。畫前之易，至約之理也。伏羲畫卦，專以明此而已。蘊，謂凡卦中之所有，如吉凶消長之理，進退存亡之道，至廣之業也。有卦則因以形矣。

易何止五經之源，其天地鬼神之奧乎！

陰陽有自然之變，卦畫有自然之體，此易之爲書，所以爲文字之祖，義理之宗也。然不止此，蓋凡管於陰陽者，雖天地之大，鬼神之幽，其理莫不具於卦畫之中焉。此聖人之精蘊，所以必於此而寄之也。

乾損益動第三十一

君子乾乾，不息於誠，然必懲忿窒欲，遷善改過而後至。乾之用其善是，損益之大莫是過，聖人之旨深哉！

此以乾卦爻詞、損益大象，發明思誠之方。蓋乾乾不息者，體也；去惡進善者，用也。無體則用無以行，無用則體無所措。故以三卦合而言之。或曰：「其」字亦是「莫」字。

「吉凶悔吝生乎動。」噫！吉一而已，動可不慎乎！

四者一善而三惡，故人之所值，福常少而禍常多，不可不謹。○此章論易所謂「聖人之蘊」。

家人睽復無妄第三十二

治天下有本，身之謂也；治天下有則，家之謂也。

則，謂物之可視以爲法者，猶俗言則例、則樣也。

本必端。端本，誠心而已矣。則必善。善則，和親而已矣。

心不誠，則身不可正；親不和，則家不可齊。

家難而天下易，家親而天下疏也。

親者難處，疏者易裁，然不先其難，亦未有能其易者。

家人離，必起於婦人。故睽次家人，以「二女同居，而志不同行」也。

睽次家人，易卦之序，「二女」以下，睽象傳文。二女，謂睽卦兌下離上，兌少女，離中女也。陰柔之性，外和悅而內猜嫌，故同居而異志。

堯所以釐降二女於媯汭，舜可禪乎？吾茲試矣。

釐，理也。降，下也。媯，水名。汭，水北，舜所居也。堯理治下嫁二女於舜，將以試舜而授之天下也。

是治天下觀於家，治家觀身而已矣。身端，心誠之謂也。誠心，復其不善之動而已矣。

不善之動息於外，則善心之生於內者無不實矣。

不善之動，妄也；妄復，則無妄矣；無妄，則誠矣。

程子曰：「無妄之謂誠。」

故無妄次復，而曰「先王以茂對時育萬物」。深哉！

無妄次復，亦卦之序。先王以下，引無妄卦大象，以明對時育物，唯至誠者能之，而贊其旨之深也。○此章發明四卦，亦皆所謂「聖人之蘊」。

富貴第三十三

君子以道充爲貴，身安爲富，故常泰無不足。而銖視軒冕，塵視金玉，其重無加焉爾！

此理易明，而屢言之，欲人有以真知道義之重，而不爲外物所移也。

陋第三十四

聖人之道，入乎耳，存乎心，蘊之爲德行，行之爲事業。彼以文辭而已者，陋矣！

意同上章。欲人真知道德之重，而不溺於文辭之陋也。

擬議第三十五

至誠則動，「動則變，變則化」，故曰：「擬之而後言，議之而後動，擬議以成其變化。」

中庸、易大傳所指不同，今合而言之，未詳其義。或曰：至誠者，實理之自然；擬議者，所以誠之之事也。

刑第三十六

天以春生萬物，止之以秋。物之生也，既成矣，不止則過焉，故得秋以成。聖人之法天，以政養萬民，肅之以刑。民之盛也，欲動情勝，利害相攻，不止則賊滅無倫焉。故得刑以治。

意與十一章略同。

情僞微曖，其變千狀。苟非中正、明達、果斷者，不能治也。訟卦曰：「利見大人」，以「剛得中」也。噬嗑曰：「利用獄」，以「動而明」也。

中正，本也；明斷，用也。然非明則斷無以施，非斷則明無所用，二者又自有先後也。訟之中，兼乎正；噬嗑之明，兼乎達。訟之剛，噬嗑之動，即果斷之謂也。

嗚呼！天下之廣，主刑者民之司命也。任用可不慎乎！

公第三十七

聖人之道，至公而已矣。或曰：「何謂也？」曰：「天地至公而已矣。」

孔子上第三十八

春秋，正王道，明大法也，孔子爲後世王者而修也。亂臣賊子誅死者於前，所以懼生者於後也。宜乎萬世無窮，王祀夫子，報德報功之無盡焉。

孔子下第三十九

道德高厚，教化無窮，實與天地參而四時同，其惟孔子乎！

道高如天者，陽也；德厚如地者，陰也；教化無窮如四時者，五行也。孔子其太極乎！

蒙艮第四十

「童蒙求我」，我正果行，如筮焉。筮，叩神也。再三則瀆矣，瀆則不告也。

此通下三節，雜引蒙卦彖、象而釋其義。童，稚也。蒙，暗也。我，謂師也。筮，揲蓍以決吉凶也。言童蒙之人，來求於我以發其蒙，而我以正道，果決彼之所行，如筮者叩神以決疑，而神告之吉凶，以果決其所行也。叩神求師，專一則明。如初筮則告，二三則惑，故神不告以吉凶，師亦不當決其所行也。

「山下出泉」，静而清也。汩則亂，亂不決也。「山下出泉」，大象文。山静泉清，有以全其未發之善，故其行可果。汩，再三也。亂，瀆也。不決，不告也。蓋汩則不静，亂則不清。既不能保其未發之善，則告之不足以果其所行，而反滋其惑，不如不告之爲愈也。慎哉！其惟「時中」乎！

時中者，彖傳文，教當其可之謂也。初則告，瀆則不告；静而清則決之，汩而亂則不決。皆時中也。

「艮其背」，背非見也。静則止，止非爲也，爲不止矣。其道也深乎！

此一節引艮卦之象而釋之。艮，止也，背，非有見之地也。「艮其背」者，止於不見之地也。止於不見之地則静，静則止而無爲，一有爲之之心，則非止之道矣。○此章發明二卦，皆所謂「聖人之藴」，而主静之意矣。

太極通書後序 建安本

宋 朱熹

右周子之書一編，今春陵、零陵、九江皆有本，而互有同異。長沙本最後出，乃熹所編定，視他本最詳密矣，然猶有所未盡也。

蓋先生之學，其妙具於太極一圖。通書之言，皆發此圖之藴。而程先生兄弟語及性命之際，亦未嘗不因其説。觀通書之誠、動静、理性命等章，及程氏書之李仲通銘、程邵公誌、顔子好學論等篇，則可見矣。故潘清逸誌先生之墓，敍所著書，特以作太極圖爲稱首。然則此圖當爲書首，不疑也。然先生既手以授二程本，因附書後。祁寬居之云。傳者見其如此，遂誤以圖爲書之卒章，不復釐正。使先生立象盡意之微旨，暗而不明。而驟讀通書者，亦復不知有所總攝。此則諸本皆失之。而長沙通書因胡氏所傳篇章，非復本次，又削去分章之目，而别以「周子曰」者加之，於書之大義雖若無所害，然要非先生之舊，亦有去其目而遂不可曉者。如理性命章之類。又諸本附載銘、碣、詩、文，事多重複。亦或不能有所發明於先生之道，以幸學者。

故今特據潘誌置圖篇端，以爲先生之精意，則可以通乎書之説矣。至於書之分章定次，亦皆復其舊貫。而取公及蒲左丞、孔司封、黄太史所記先生行事之實，删去重複，合爲一篇，以便觀者。蓋世所傳先生之書、言行具此矣。

潘公所謂易通，疑即通書。而易説獨不可見，向見友人多蓄異書，自謂有傳本，亟取而觀焉，則淺陋可笑。皆舍法時舉子葺綴緒餘，與圖説、通書絶不相似，不問可知其僞。獨不知世復有能得其真者與否？以圖、書推之，知其所發當極精要，微言湮没，甚可惜也！

熹又嘗讀朱内翰震進易説表，謂此圖之傳，自陳摶、种放、穆修而來。而五峯胡公仁仲作通書序，又謂先生非止爲种、穆之學者，「此特其學之一師耳，非其至者也」。夫以先生之學之妙，不出此圖，以爲得之於人，則決非种、穆所及；以爲「非其至者」，則先生之學，又何以加於此圖哉？是以嘗竊疑之。及得誌文考之，然後知其果先生之所自作，而非有所受於人者。公蓋皆未見此誌而云云耳。然胡公所論通書之指曰：「人見其書之約，而不知其道之大也；見其文之質，而不知其義之精也；見其言之淡，而不知其味之長也。人有真能立伊尹之志，修顔子之學，則知此書之言包括至大，而聖門之事業無窮矣。」此則不可易之至論，讀是書者所宜知也。因復掇取以係於後云。乾道己丑六月戊申，新安朱熹謹書。

再定太極通書後序① 南康本

宋　朱　熹

右周子太極圖并説一篇，通書四十章，世傳舊本遺文九篇，遺事十五條，事狀一篇。

① 此篇四部叢刊晦庵先生朱文公文集卷七十六題與此同，董本題爲「太極圖説通書書後」，題下均無「南康本」三字。

熹所集次，皆已校定，可繕寫。熹按先生之書，近歲以來，其傳既益廣矣，然皆不能無謬誤。唯長沙建安板本爲庶幾焉！而猶頗有所未盡也。

蓋先生之學之奥，其可以象告者，莫備於太極之一圖。若通書之言，蓋皆所以發明其蘊，而誠、動靜、理性命等章爲尤著。程氏之書，亦皆祖述其意，而李仲通銘、程邵公誌、顔子好學論等篇，乃或并其語而道之。故清逸潘公誌先生之墓，而敍其所著之書，特以作太極圖爲首稱，而後乃以易說、易通繫之，其知此矣。按漢上朱震子發，言陳摶以太極圖傳种放，放傳穆脩，脩傳先生。衡山胡宏仁仲則以爲种、穆之傳，特先生「所學之一師，而非其至者」。武當祁寬居之又謂圖象乃先生指畫以語二程，而未嘗有所爲書。此蓋皆未見潘誌而言。若胡氏之說，則又未考乎先生之學之奥，始卒不外乎此圖也。先生易說久已不傳於世，向見兩本，皆非是。其一卦說，乃陳忠肅公所著；其一繫詞說，又皆佛、老陳腐之談。其甚陋而可笑者，若曰：「易之冒天下之道也，猶狙公之罔衆狙也。」觀此則其決非先生所爲可知矣。易通疑即通書。蓋易說既依經以解義，此則通論其大旨，而不繫於經者也。特不知其去易而爲今名，始於何時爾。然諸本皆附於通書之後，而讀者遂誤以爲書之卒章。使先生立象之微旨，暗而不明；驟而語夫通書者，亦不知其綱領之在是也。

長沙本既未及有所是正，而通書乃因胡氏所定章次，先後輒頗有所移易，又刊去章目，而別以「周子曰」者加之，皆非先生之舊。若理性命章之類，則一去其目，而遂不可曉。其所附見銘、碣、詩、文，視他本則詳矣，然亦或不能有以發明於先生之道，而徒爲重複。

故建安本特據潘誌置圖篇端，而書之序次名章，亦復其舊。又即潘誌及蒲左丞、孔司封、黄太史所記先生行事之實，删去重複，參互考訂，合爲事狀一篇。其大者如蒲碣云：「屠姦翦弊，如快刀健斧。」而潘誌云：「精密嚴恕，務盡道理。」蒲碣但云「母未葬」，而潘公所爲鄭夫人志乃爲「水齧其墓而改葬。」若此之類，皆從潘誌。而蒲碣又云：「慨然欲有所施，以見於世。」又云：「益思以奇自名。」又云：「朝廷躐等見用，奮發感厲。」皆非知先生者之言。又載先生稱頌新政，反覆數十言，恐亦非實。若此之類，今皆削去。至於道學之微，有諸君子所不及知者，則又一以程氏及其門人之言爲正。以爲先生之書之言之行，於此亦畧可見矣。然後得臨汀楊方本以校，而知其舛陋猶有未盡正者。如「柔如之」當作「柔亦如之」，師友一章當爲二章之類。又得何君營道詩序，及諸嘗遊春陵者之言，而知事狀所叙濂溪命名之説，有失其本意者。何君序見遺事篇内。又按濂溪廣漢張栻所跋先生手帖①，據先生家譜云：濂溪隱居在營道縣榮樂鄉鍾貴里石塘橋西，濂蓋溪之舊名。先生寓之廬阜，以示不忘其本之意。而邵武鄒旉爲熹言：「嘗至其處，溪之源委自爲上下保，先生故居在下保，其地又別自

① 編者按：「按」下「濂溪」二字，張本、董本無，四部叢刊晦庵先生朱文公文集有此二字。

號爲樓田。而濂之爲字，則疑其出於唐刺史元結七泉之遺俗也。」今按江州濂溪之西，亦有石塘橋，見於陳令舉廬山記。疑亦先生所寓之名云。覆校舊編，而知筆削之際，亦有當録而誤遺之者。如蒲碯自言：初見先生於合州，「相語三日夜，退而歎曰：『世乃有斯人耶！』」而孔文仲亦有祭文，序先生洪州時事曰：「公時甚少，玉色金聲，從容和毅，一府盡傾」之語。蒲碯又稱其孤風遠操，寓懷於塵埃之外，常有高棲遐遁之意。亦足以證其前所謂「以奇自見」等語之謬。又讀張忠定公語而知所論希夷、种、穆之傳，亦有未盡其曲折者。按：張忠定公嘗從希夷學。而其論公事之有陰陽，頗與圖説意合。竊疑是説之傳，固有端緒。至於先生然後得之於心，而天地萬物之理，鉅細幽明，高下精粗，無所不貫，於是始爲此圖，以發其祕爾！嘗欲別加是正，以補其闕，而病未能也。

茲乃被命假守南康，遂獲嗣守先生之遺教於百有餘年之後，顧德弗類，慙懼已深，瞻仰高山，深切寤歎。因取舊袠，復加更定，而附著其説如此。鋟板學宫，以與同志之士共①焉。淳熙己亥夏五月戊午朔，新安朱熹謹書。

① 編者按：張本、董本「共」下有「觀覽」二字。四部叢刊晦庵先生朱文公文集無「觀覽」二字。

通書後記

宋　朱　熹

通書者，濂溪夫子之所作也。夫子姓周氏，名敦頤①，字茂叔。自少即以學行有聞於世，而莫或知其師傳之所自。獨以河南兩程夫子嘗受學焉，而得孔、孟不傳之正統，則其淵源因可槩見。然所以指夫仲尼、顔子之樂，而發其吟風弄月之趣者，亦不可得而悉聞矣。所著之書，又多散失。獨此一篇，本號易通，與太極圖說並出程氏，以傳於世。而其爲說，實相表裏，大抵推一理、二氣、五行之分合，以紀綱道體之精微，決道義、文辭、禄利之取舍，以振起俗學之卑陋。至論所以入德之方，經世之具，又皆親切簡要，不爲空言。顧其宏綱大用，既非秦、漢以來諸儒所及；而其條理之密，意味之深，又非今世學者所能驟而窺也。是以程氏既没，而傳者鮮焉。其知之者，不過以爲用意高遠而已。

熹自蚤歲既幸得其遺編，而伏讀之初，蓋茫然不知其所謂，而甚或不能以句。壯歲，獲遊延平先生之門，然後始得聞其說之一二。比年以來，潛玩既久，乃若粗有得焉。

① 賀本及吕、張、董、鄧四本「周敦頤」均作「周惇頤」。「惇」「敦」通，今改「敦」。下同。

雖其宏綱大用所不敢知，然於其章句文字之間，則有以實見其條理之愈密，意味之愈深，而不我欺也。顧自始讀以至於今，歲月幾何，倏焉三紀，慨前哲之益遠，懼妙旨之無傳，竊不自量，輒爲注釋。雖知凡近不足以發夫子之精蘊，然創通大義，以俟後之君子，則萬一其庶幾焉。淳熙丁未九月甲辰，後學朱熹謹記。儀封張伯行云：此序晦菴先生最後集解通書而作也。先生始集通書，莫考其年，據先生序云：「長沙本最後出，乃熹所編定，視他本最詳密，然猶有未盡云。乃於乾道己丑（一一六九年）覆較舊編，爲建安本。至淳熙己亥（一一七九年），凡十一年，復加更定，爲南康本。又八年丁未（一一八七年）①，重爲注釋，而是編始定。今本一以此爲正，而是序特列於首，諸序跋次見於後。

又 延平本

宋　朱　熹

臨汀楊方得九江故家傳本，校此本，不同者十有九處。然亦互有得失。其兩條此本之誤，當從九江本：如理性命章云「柔如之」，當作「柔亦如之」。師友章當自「道義者」以下析爲下章。其十四條，義可兩通，當並存之：如誠幾德章云「理」曰「禮」，「理」一作「履」。慎動

① 按：公元年份爲編者所加。

章云：「邪動」，一作「動邪」。化章一作「順化」。愛敬章云：「有善」，此下一有「是苟」字。「學焉」，此下一有「有」字。「曰有不善」，一無此四字。「曰不善」，此下一有「否」字。樂章云：「優柔平中」，「平」一作「乎」。「輕生敗倫」，「倫」一作「常」。聖學章云：「請聞焉」，「聞」一作「問」。顔子章云：「獨何心哉」，「心」一作「以」。「能化而齊」，「齊」一作「濟」，一作「消」。過章，一作仲由。刑章云：「不止即過焉」，「即」一作「則」。其三條，九江本誤，而當以此本爲正：如太極說云：「無極而太極」，「而」下誤多一「生」字。誠章云：「誠斯立焉」，「立」誤作「生」。家人睽復無妄章云：「誠心復其不善之動而已矣」，「心」誤作「以」。凡十有九條。今附見於此，學者得以考焉。

周敦頤集卷三

雜著

文

養心亭説

孟子曰：「養心莫善於寡欲。其爲人也寡欲，雖有不存焉者，寡矣；其爲人也多欲，雖有存焉者，寡矣。」予謂養心不止於寡焉而存耳，蓋寡焉以至於無。無則誠立、明通。誠立，賢也；明通，聖也。是聖賢非性生，必養心而至之。養心之善有大焉如此，存乎其人而已。

張子宗範有行、有文，其居背山而面水。山之麓，構亭甚清淨，予偶至而愛之，因題曰「養心」。既謝，且求説，故書以勉。

愛蓮説

水陸草木之花，可愛者甚蕃。晉陶淵明獨愛菊。自①李唐來，世人甚愛牡丹。予獨愛蓮之出淤泥而不染，濯清漣而不妖，中通外直，不蔓不枝，香遠益清，亭亭淨植，可遠觀而不可褻玩焉。

予謂菊，花之隱逸者也；牡丹，花之富貴者也；蓮，花之君子者也。噫！菊之愛，陶後鮮有聞；蓮之愛，同予者何人？牡丹之愛，宜乎衆矣！

吉州彭推官詩序②

敦實慶曆初爲洪州分寧縣主簿，被外臺檄，承乏袁州盧溪鎮市征之局。局鮮事，袁之進士多來講學於公齋。因談及今朝江左律詩之工。坐閒，誦吉州彭推官篇者六七人③，其

① 「自」字原作「至」，據張、董、鄧三本改。
② 張本、董本無「吉州」二字。
③ 「人」字據張、董、鄧三本增。吕本無「人」字。

句字信乎能覷天巧而膾炙人口矣。

俄聞分寧新邑宰，尚①未踰月，而才明之譽，已飛數百里。有謂敦實曰：「邑宰太博愢永，即嚮所誦之時②推官之子也。吉與袁鄰郡，父兄輩皆識推官，第爲善内樂，殊忘官之高卑，齒之壯老，以至於没。其慶將發於是乎！」敦實故又知推官之德。暨還邑局，聞推官之詩益多，亦能記誦不忘。

十五年，而太博由刑部郎中直史館，益州路轉運使。敦實自南昌知縣就移僉署巴川郡判官廳公事。益、梓鄰路也。泝流赴局，過渝州，越三舍，接巴川境，閒有温泉佛③寺。艤舟遊覽，忽覩榜詩，乃推官之作。喜豁讀訖，録本納於轉運公。公復書重謝，且曰：「願刻一石，若蒙繼以短序，尤荷厚意。」故序於詩後，而命工刻石，置寺之堂焉。實嘉祐二年正月十五日云。承奉郎守太子中舍僉署合州軍事判官廳公事周敦實撰。

① 「尚」字，吕、張、董、鄧四本作「上」。
② 「之詩」二字，與吕本同。張、董、鄧三本無。
③ 「佛寺」二字，與吕本同。張、董、鄧三本無「佛」字。

邵州遷學釋菜文①

維治平五年，歲次戊申，正月甲戌朔，三日丙子，朝奉郎尚書駕部員外郎通判永州軍州兼管内勸農事權發遣邵州軍州事上騎都尉賜緋魚袋周敦頤，敢昭告於先聖至聖文宣王：②

惟夫子道高德厚③，教化無窮，實與天地參而四時同。上自國都，下及州縣，通立廟貌。州守縣令，春秋釋奠。雖天子之尊，入廟肅恭行禮。其重，誠與天地參焉。儒衣冠學道業者，列室於廟中④，朝夕目瞻睟容，心慕至德，日蘊月積，幾於顔氏之子者有之。得其位，施其道，澤及生民者，代有之。然⑤夫子之宫可忽歟！而邵置於惡地，掩於衙門，左獄右庾，穢喧歷年。

① 張、董、鄧三本「遷」字上多一「新」字。
② 以上一段文字，吕本無。張、董、鄧三本有。
③ 「道高德厚」與吕本同，張、董、鄧三本作「道德高厚」。
④ 「中」字，據張、董、鄧三本補。吕本無「中」字。
⑤ 「然」下張、董、鄧三本有「則」字，吕本無。

敦頤攝守州符，嘗拜堂下，愓汗流背，起而議遷。得地東南，高明協下。用舊增新，不日成就。彩章冕服，儼坐有序，諸生既集，率僚告成。謹以禮幣藻蘋①，式陳明薦，以兗國公顔子配。尚饗②！

又告先師文③

維治平五年，歲次戊申，正月甲戌朔，三日丙子，朝奉郎尚書駕部員外郎通判永州軍州兼管内勸農事權發遣邵州軍州事上騎都尉賜緋魚袋周敦頤④，敢昭告於先師兗國公顔子：爰以遷修廟學成，恭修釋菜於先聖至聖文宣王。惟子睿性通微，實幾於聖。明誠道確，夫子稱賢。謹以禮幣藻蘋⑤，式陳明獻，從祀配神。尚饗⑥！

①「藻蘋」與吕本同，張、董、鄧三本作「藻齊」。
②「尚饗」二字據張本、董本補。
③此標題據張、董、鄧三本補。
④編者按：以上一段文字，張、董、鄧三本無，吕本有。
⑤同注①。
⑥「尚饗」二字據張、董、鄧三本補。

上二十六叔書①

姪男敦頤②啟：孟秋猶熱，伏惟二十六叔、三十一叔、諸叔母、諸兄長尊體起居萬福。周興來，知安樂，喜無盡。敦頤守官於外，與新婦幸如常，不勞憂念。來春歸鄉，即遂拜侍。未間，伏望順時倍加保愛，不備。姪男敦頤狀。上二十六叔、三十一叔、諸叔母、諸兄長座前。七月六日夜。

諸弟、諸姪安樂。好將息！好將息！

與仲章姪書③

仲章：夏熱，計新婦男女安健。我此中與叔母、季老④、通老、韓姐、善善以下並安。

① 編者按：張本、董本作「與二十六叔等手帖」。
② 本文「敦頤」二字各本均作「敦實」。
③ 張本、董本作「與仲章姪手帖」。
④ 「季老」原作「李老」，據張本、鄧本改。

近遞中，得先公加贈官誥，贈諫議大夫，家門幸事幸事①。汝備酒果香茶，詣墳前告聞先公諫議也。未相見，千萬好將息！不具。叔付仲章，六月十四日。

諸處書，立使②周一父子送去。叔母、韓姐傳語：汝與新婦姪兒姪女各計安好，將息！好將息③！百一、百二附兄嫂起居之問。善善與新婦安安。汝切不得來！汝切④不得來！周三翁夫妻安否？周一父子看守墳塋小心否？周幼二安否？如何也？

與傅秀才書⑤

敦實頓首：傅君茂才足下：昨日飯會上，草草致書，不識已達否？日惟履用休適。敦實自春來，郡事併多。又新守將至，諸要備辦。稍有一日空暇，則或過客，或節辰，或不時

① 呂本亦作「幸事幸事」，張、董、鄧三本「幸事」二字不重出。
② 呂本亦作「立使」，張、董、鄧三本作「立便使」。
③ 編者按：「將息好將息」張本、董本作「將息將息」。
④ 「汝切」二字呂本亦重出，張、董、鄧三本不重出。
⑤ 呂本作「與傅茂才書」，張、董、鄧三本作「與傅耆伯成書」。

聚會。每會即作詩①，雅則雅矣，形亦勞瘁②，故尚未有意思爲足下作策問，勿訝！勿訝！遂州平紋紗輕細者③，染得好皁者，告買一疋，自要作夏衫。並買樗蒲、綾袴段二箇。碎事煩聒，愧悚！愧悚！急遣人探新守次，走筆不謹。暄燠加愛加愛，不宣。敦實頓首傅君茂才足下④。

慰李才元書⑤

敦實頓首：變故不常，竊審尊夫人太君奄棄榮養。伏惟號天永慕，難以勝處。罔極奈何！孝思奈何！敢冀節哀以從中制，卑情不任苦痛之至。謹奉疏以慰，不宣，謹疏。四月某日，汝南周敦實疏上⑥。

---

① 「即作詩」三字與呂本同。張、董、鄧三本作「必作詩」。
② 「形亦勞瘁」四字與呂本同。張、董、鄧三本作「形勞神瘁」。
③ 張、董、鄧三本此句下有「此中人喚作漫紗」一句，呂本無。
④ 張、董、鄧三本此下有「三月四日」四字。
⑤ 張、董、鄧三本作「慰李大臨才元疏」。題下註云：「治平二年」。
⑥ 編者按：「四月」以下至「疏上」，張、董、鄧三本缺。

回謁鄉官昌州司録黄君慶牒

承奉郎守太子中允簽書合州判官廳公事周敦實，右某謹祗候謝都曹員外，伏聽處分。件狀如前，謹牒。嘉祐元年十一月日具位某牒。

賀傅伯成手謁 嘉祐六年

從表殿中丞、前合州從事周敦實，專謁賀新恩先輩傅弟。三月十二日手謁。

賦

拙賦

或謂予曰：「人謂子拙？」予曰：「巧，竊所恥也，且患世多巧也。」喜而賦之曰①：「巧者言，拙者默；巧者勞，拙者逸；巧者賊，拙者德；巧者凶，拙者吉。嗚呼！天下拙，刑政

① 「曰」字，各本均無。

徹。上安下順，風清幣絶。」

詩

題門扉①

有風還自掩，無事晝常關。開闔從方便，乾坤在此間。

春晚②

花落柴門掩夕暉，昏鴉數點傍林飛。吟餘小立闌干外，遥見樵漁一路歸。

① 張、董、鄧三本均作「書春陵門扉」。張本、董本詩後有注云：「南軒先生語録中一條：『或於春陵舊門扉上得一詩』云云，先生詠之曰：『此濂溪詩也』。」

② 吕本作「題春晚」。

題瀼溪書堂①

元子溪曰「瀼」，詩傳到於今。此俗良②易化，不期③顧相欽。廬山我久④愛，買田山之陰。田閒有清⑤水，清泚出山心。山心無塵土，白石磷磷沉⑥。潺湲來數里，到此始澄深⑦。有龍不可測，岸木⑧寒森森。書堂構其上，隱几看雲岑。倚梧或欹枕，風月盈中襟。或吟或冥默，或酒或鳴琴⑨。數十黄卷軸，賢聖談無音。牕前即疇圃，圃⑩外桑麻林。芋⑪蔬可卒歲，絹布足

---

① 吕本無此詩。張本無「題」字。董本、鄧本作「濂溪書堂」。
② 「良」鄧本作「最」。
③ 「期」張、董、鄧三本作「欺」。
④ 「久」鄧本作「所」。
⑤ 「清」張、董、鄧三本作「流」。
⑥ 「磷磷沉」鄧本作「照沉沉」。
⑦ 「始澄深」董本作「澄澄深」。
⑧ 「木」董本、鄧本作「竹」。
⑨ 以上三句，鄧本作「風月盈冲襟。有時吟復默，酒罷鳴幽琴」。
⑩ 以上兩「圃」字，鄧本作「圃」。
⑪ 「芋」張、董、鄧三本作「千」。

衣衾。飽煖大富貴，康寧無價金①。吾樂蓋易足，名「濂」朝暮箴②。元子與周子，相邀風月尋③。

書窗夜雨④

秋風掃盡⑤熱，半夜雨淋漓。遶屋是芭蕉，一枕萬響圍。恰⑥似釣魚船，蓬底睡覺時。

石塘橋晚釣⑦

濂溪溪上釣⑧，思歸復思歸。釣魚船好睡，寵辱不相隨。肯爲爵禄重，白髮猶羈縻。

---

① 鄧本無以上兩句。
② 此句董本作「名溪朝暮侵」。鄧本作「名『濂』以自箴」。
③ 以上兩句，鄧本作「誰爲相朝暮，萬木寒蕭森」。
④ 張、董、鄧三本題作「夜雨書窗」。
⑤ 「盡」鄧本作「酷」。
⑥ 「恰」鄧本作「何」。
⑦ 張本、董本題下注云：「舊無此五字，而此詩又連上共作一首。今從遺芳集改正。」
⑧ 張、董、鄧三本此句作「舊隱濂溪上」。董本此句下注云：「遺芳集作『濂溪溪上釣』」。

静思篇①

静思歸舊隱，日出半山晴②。醉榻雲籠潤，吟牕瀑瀉清。閒方爲達士，忙只是勞③生。朝市誰頭白，車輪未曉鳴。

贈譚虞部致仕④

清時望郎貴，白首故鄉歸。有子紆藍綬，將孫著綵衣。松喬新道院，鶴老舊漁磯。知止自高德，寧爲遁者肥。

① 呂本題作「思親歸舊隱」。張、董、鄧三本題作「思歸舊隱」。鄧本題下注云：「一作静思篇」。
② 「晴」董本、鄧本作「明」。
③ 「勞」董本誤作「榮」。
④ 呂本作「贈虞部譚昉致仕」。張本、董本作「贈虞部員外郎譚公昉致仕」。鄧本題下注云：「原注：『譚公名昉，虞部員外郎。』」

遊大林寺①

三月山房②煖，林花互照明。路盤層頂上，人在半空行。水色雲含白，禽聲谷應清。天風拂襟③袂，縹緲覺身輕。

題浩然閣

劉侯戴武弁，政則心吾儒。士茂先興學，子賢勤讀書。猷爲莫不善，才力葢有餘。西北方求帥，浩然寧久居。

題寇順之道院壁

一日復一日，一杯復一杯。青山無限好，俗客不曾來。往事已④如此，朱顔安在哉！寄語

① 題與呂本同。張、董、鄧三本題作：「治平乙巳暮春十四日同宋復古遊山巔至大林寺書四十字。」

② 「山房」張本、董本作「山方」，鄧本作「僧房」。

③ 「襟袂」董本、鄧本作「巾袂」。

④ 「已」呂本作「一」。

地上客，歷亂竟誰催。

憶江西提刑何仲容①

蘭自香爲友，松何枯向春。榮來天澤重，歿去繡衣新。晝②作百年夢，終歸一窖塵。痛心雙淚下，無復見賢人③。

劍門④

劍立溪峰信險深，吾皇大道正天心。百年外户都無閉，空有關名點貢琛。

---

① 吕本無此詩。董本、鄧本無「何」字。
② 「晝」張本、董本作「晝」，注云「一作晝」，鄧本作「盡」。
③ 「賢人」鄧本作「斯人」。
④ 吕本作「題劍門」。張本、董本作「劍門」，題下注云：「出劉禹卿集劍門銘詩集」。

題大顛壁①

退之自謂如夫子，原道深排佛老②非。不識大顛何似者，數書珍重更留衣。

牧童③

東風放牧出長坡，誰識阿童樂趣多。歸路轉鞭牛背上，笛聲吹老太平歌。

---

① 題與吕本同。張、董、鄧三本題作「按部至潮州題大顛堂壁」。
② 張、董、鄧三本「佛老」作「釋老」。
③ 吕本作「題牧童」。

經古寺①

琳宫金刹接峯巒②，一徑潛通竹樹③寒。是處塵勞④皆可息，時清終未忍辭官⑤。

同友人遊羅巖⑥

聞有山巖即去尋，亦躋雲外入松陰。雖然未是洞中境，且異人間名利心。

---

① 題與吕本同。張、董、鄧三本作「遊山上一道觀三佛寺」。
② 「峯巒」吕本、張本作「林巒」。
③ 「竹樹」吕本、張本作「竹徑」。
④ 「塵勞」吕本、張本作「塵埃」。
⑤ 張本、董本詩後附費令詩云：「巖扉相望路紆盤，杉檜風高夏亦寒。遊徧陡忘名宦意，恨無生計可休官。」
⑥ 題與吕本同。張、董、鄧三本題作「行縣至雩都邀餘杭錢建侯拓四明沈幾聖希顔同遊羅巖」。張本、董本題下注云：「嘉祐八年正月七日刻石。」

題惠州羅浮山①

紅塵白日無間人，況有魚緋繫此身。關上②羅浮間送目，浩然心意復吾真。

題酆州仙都觀③

山盤江上虬龍活，殿倚雲中洞府深。欽想④真風杳何在，偃松喬柏共蕭森。

讀英真君丹訣⑤

始觀丹訣信希夷，蓋得陰陽造化機。子自母生能致主，精神合後⑥更知微。

---

①「惠」字原作「會」，據各本改。張本、董本題下注云：「出羅浮詩集」。
②「關上」呂本作「闗上」，董本、鄧本作「一上」。
③呂本作「酆州仙都觀」。張本、董本作「題酆都觀」，題下注云：「三首刻石觀中。」鄧本作「題酆都觀三首」，三首各題爲仙都觀、讀英真君丹訣、宿山房。
④「欽想」鄧本作「緬想」。
⑤此詩據張、董、鄧三本補。呂本無此詩。
⑥「合後」鄧本作「合處。」

宿山房

久厭塵坌樂静緣①，俸微猶乏買山錢。徘徊真境不能去，且寄雲房一榻眠。

遊赤水縣龍多山書仙臺觀壁②

到官處處須尋勝，惟此合陽無勝尋。赤水有山仙甚古③，攀躋④聊足到官心⑤。

① 「静緣」各本均作「静元」。
② 題與吕本同。張、董、鄧三本作「書仙臺觀壁」，題下注云：「先生在合陽，沿外臺檄按臨赤水縣簿書，與將仕郎赤水令費琦游龍多，唱和八首。」鄧本題下注云：「原注：『先生與赤水令費琦游龍多山唱和詩。』」
③ 張、董、鄧三本此句下均注云：「晉馮蓋羅上昇處。」
④ 「攀躋」張、董、鄧三本作「躋攀」。
⑤ 張本、董本詩後附費令詩云：「先生舊隱寄烟岑，丹竈仙臺暫訪尋。（注云：『觀有馮蓋羅爐竈在。』）自歎不如雞犬幸，偶霑靈藥换凡心。」

喜同費長官遊[1]

尋山尋水侶尤難，愛利愛名[2]心少閒。此亦有君吾甚樂，不辭高遠共躋攀[3]。

和費君樂遊山之什[4]

雲樹巖泉景盡奇，登臨深恨訪尋遲。長棲未得於何記，猶有君能雅和詩。

① 題與呂本同。張、董、鄧三本作「喜同費君長官遊」。
② 鄧本「愛利愛名」作「徇利徇名」。
③ 張本、董本詩後附費令詩云：「平生癖愛林泉趣，名利縈人未許閒。不是儒流霽風采，登山遊騎恐難攀。」（詩後注云：「君沿外臺牒請臨按本邑簿書。」）
④ 題與呂本同。鄧本作「和費君見謝詩」。張本、董本作「和前韻」。前附費琦「呈謝簽判殿丞寵示遊山之什」詩爲：「夫君落筆盡珠璣，不比相如意思遲。（注云：『君只於肩輿往還，遂成三章，其俊敏如此。』）從此合陽須紙貴，夜來新有愛山詩。」

江上别石郎中①

落葉蟬聲古渡頭，渡頭人擁欲行舟。别離情似長江水，遠亦②隨公日夜流。

香林别趙清獻③

公暇頻陪塵外遊，朝天仍得送行舟。軒車更共入山脚，旌旆且從留渡頭。精舍泉聲清濺濺，高林雲色淡悠悠。談終道奥愁言去，明日瞻思上郡樓。

---

① 吕本無此詩。

② 「遠亦」董本作「遠入」。

③ 吕、張、董三本均作「萬安香城寺别虔守趙公」。張本、董本題下注云：「出廬陵集。」編者按：張本、董本附清獻和詩云：「顧我入趨堯闕去，煩君出餞贛江頭。更逢蕭寺千山好，不惜蘭船一日留。清極到來無俗語，道通何處有離憂。分携豈用驚南北，水闊風高萬木秋。」（注云：「别本云：清獻自虔州赴召，舟至造口，同遊香林寺，石刻可考。大成集以爲萬安香城，非也。」）鄧本詩後有按語云：「年譜嘉祐七年壬寅，先生與趙清獻遊馬祖山，詩應作於是時。」

同石守遊①

朝市誰知世外遊，杉松影裏入吟幽。争名逐利千繩縛，度水登山萬事休。野鳥不驚如得伴，白雲無語似相留。傍人莫笑凭欄久，爲戀林居作退謀。

任所寄鄉關故舊②

老子生來骨性寒，宦情不改舊儒酸。停杯厭飲香醪味，舉筯常餐淡菜盤。事冗不知筋力倦，官清贏得夢魂安。故人欲問吾何況，爲道春陵只一般。

① 吕本無此詩。
② 張本、董本題下注云：「先生遷尚書虞部員外郎，復任永州通判。仲章姪至任，歸，有詩與之云。」

按部至春州①

按部廣東經數郡，若言嵐瘴更無春。度山烟鎖埋清晝，爲國天終護吉人。萬里詔音頻降下②，一方恩惠盡均匀③。丈夫才畧逢時展，倉廩皆無亟富民。

宿大林寺④

公程無暇日，暫得宿清幽。始覺空門客，不生浮世愁。温泉喧古洞，晚磬度危樓。徹曉都忘寐，心疑在沃州。

---

① 此詩據張、董、鄧三本補，吕本及賀本無。詩後鄧本有按語云：「年譜神宗熙寧元年戊申，先生年五十二。是年權郡守，有知郴州之命。用趙清獻、吕正獻交薦，擢廣南東路轉運判官。四年辛亥正月，領提點刑獄事。行部至潮州，有題大顛堂詩；至惠州，有題羅浮山詩；又有按部至春州詩。」

② 「頻降下」，董本誤爲「頒降下」。

③ 董本缺「匀」字。

④ 此詩據吕本補，其他本無。

暮春即事①

雙雙瓦雀行書案，點點楊花入硯池。閒坐小窗讀周易，不知春去幾多時。

讀易象②

書房兀坐萬機休，日暖風和草色幽。誰道二千年遠事，而今只在眼前頭。

顯鶴謹按：「先生在邵州無詩，以上二首，舊列卷末，前編移入卷首。今按年譜：先生改定同人説，寄傳耆。自邵州遞發。又顯鶴來爲濂溪院長，即取先生『閒坐小窗讀周易』語，名其齋爲讀易窗。故以此兩詩列任所寄鄉關故舊之後。竊以爲先生在邵時作也。」

①　②以上兩詩，僅見於鄧本，其他各本均不載。是否誤入，待考。

題名

東林寺留題

周敦實茂叔、余從周元禮、孫儼安禮、王深之長源、沈遜睿達、樂岳惟嶽，嘉祐庚子十月二十一日相會東林寺。

澹山巖扃留題①

周敦頤攜二子壽、燾歸舂陵展墓。三月六日，與鄉人蔣璀、區有鄰、歐陽麗、理掾陳賡同遊含暉洞。治平四年②

① 編者按：鄧本題作「含暉洞題名」。
② 此四字據鄧本含暉洞題名補。

連州城西大雲巖留題

轉運判官尚書駕部員外郎周敦頤茂叔、尚書屯田郎中知軍州事何延世懋之，熙寧元年十二月十六日同遊。

德慶府三洲巖留題

濂溪周敦頤茂叔，熙寧元年季冬二十六日遊。

肇慶府星巖留題

轉運判官周敦頤茂叔，熙寧二年正月七日遊。

按：上述留題五則，與張本、董本同。但張、董兩本在澹山巖扃留題後注云：「治平四年後，蔣璀仕至朝議大夫、區有鄰仕至大理寺丞。」董本並附蔣概巴東龍昌洞行記，今略。又按：鄧本較各本多收澹山巖題名、朝陽巖題名、華嚴巖題名、澹山巖題名、澹山巖重題名五則，今抄補於下。

澹山巖題名

尚書都官郎中、知軍州事陳藻君章，尚書虞部員外郎、通判軍州事周敦頤茂叔，郡從事項隨持正，零陵令梁宏巨卿，同遊。治平三年四月六日題。正書八行。

朝陽巖題名

荆湖南路提點刑獄公事①尚書職方郎中程濬治之，尚書虞部郎中知軍州事鞠拯②道濟，尚書比部員外郎通判軍州事周敦頤茂叔，治平三年十二月十二日，同遊永州朝陽洞。正書五行

華嚴巖題名

荆湖南路轉運判官沈紳公儀，尚書虞部郎中知軍州事鞠拯③道濟，尚書比部員外郎通判軍

① 「公事」原誤作「公子」。
② 「鞠拯」原作「鞠丞」，據下澹山巖重題名改。
③ 同注②。

州事周敦頤茂叔，治平四年正月九日，同遊永州華嚴巖。

澹山巖題名

比部員外郎通判永州軍州事周敦頤茂叔，治平四年二月一日，沿牒歸舂陵鄉里展墓。三月十三日迴至澹山巖，將家人輩偕遊。姪立，男壽、燾，姪孫蓄侍。

顯鶴案：「潛研堂金石跋尾云：『右周茂叔題名，在永州澹山巖，其文凡七行五十四字。』今按：濂溪志所載，缺略太甚。今以拓本校之，實五十六字①。潛研堂所云，可補史之缺，不誣也。」

澹山巖重題名

尚書比部郎中知軍州事鞠拯道濟，尚書比部員外郎通判軍州事周敦頤茂叔，軍事推官項隨，前録事參軍劉璞，零陵令梁宏，司法參軍李茂宗，縣尉周均，治平四年三月十四日，同遊永州澹山巖。

① 編者按：實有五十九字。

顯鶴案：「先生澹山巖題名有二刻，先日從營道回永州，將家人輩偕遊。次日鞠拯、項隨諸人同來，復偕遊。均題名刻石，四年四月十三、十四兩日事也。五月七日來權邵守，同家屬去永州百里，過洪陵寺，遊九龍巖，題名刻石，未見拓本。」

遺事十六條

伊川先生作其父太中公家傳曰：「公①嘗假倅南安軍，獄掾周敦實甚少，不爲守所知。公視其氣貌非常人，與語，果爲學知道者，因與爲友。及爲郎官，故事，當舉代②。每遷授，輒一薦之。」

伊川先生作明道先生行狀曰：「先生自十五六時，聞汝南周茂叔論道，遂厭科舉之業，慨然有求道之志。」

河間劉立之敍述明道先生事曰：「先生從汝南周敦頤問學③，窮性命之理，率性會道，

① 張、董、鄧三本「公」下有「在虔時」三字。
② 張、董、鄧三本無「故事當舉代」五字。
③ 「問學」董本作「問道」。

體道成德，出入孔孟，從容不勉。」

明道先生嘗曰①：「昔受學於周茂叔，每令尋仲尼、顔子②樂處，所樂何事。」

又曰：「詩可以興③。自再見周茂叔後，吟風弄月以歸，有『吾與點也』之意。」

又曰：「李初平見周茂叔云：『某欲讀書，如何？』茂叔云：『公老矣！無及矣！待某只説與公。』初平遂聽説話，二年乃覺悟。」

又曰：「王君貺嘗見茂叔，爲與茂叔世契，便受拜。及坐間大風起，説大畜卦。一本作風天，小畜卦。君貺乃起曰：『適來不知，受卻公拜，今卻當請納拜。』茂叔走避。君貺此一事卻過人，謝用休問：『當受拜，不當受拜？』曰：『分已定，不受乃是。』」

又曰：「田獵，自謂今無此好。周茂叔曰：『何言之易也！但此心潛隱未發，一日萌動，復如初矣。』後十二年，因見果知未也。」明道年十六七時好田獵，既而自謂已無此好。聞周先生此語，

① 「明道先生嘗曰」原作「程氏門人記二先生語曰」，據張、董、鄧三本改。
② 「仲尼、顔子」張、董、鄧三本作「顔子、仲尼」。
③ 「詩可以興」原作「明道先生言」，據張、董、鄧三本改。

後十二年暮歸，在田間見獵者，不覺有喜心①。又曰：「周茂叔窗前草不除去。問之，云：『與自家意思一般。』子厚觀驢鳴，亦謂如此。」

又曰：「周茂叔謂荀子元不識誠。伯淳曰：『既誠矣，心焉用養耶？荀子不知誠。』」

又曰：「周茂叔謂一部法華經，只消一個艮字可了②。」

邵伯温作易學辨惑記康節先生事曰：「伊川同朱光庭公掞訪先君，先君留之飲酒。因以論道。伊川指面前食卓曰：『此卓安在地上，不知天地安在甚處？』先君爲極論天地萬物之理，以及六合之外。伊川歎曰：『平生惟見周茂叔論至此。』」

吕本中作童蒙訓曰：「正獻公在侍從，聞茂叔名，力薦之。自常調除轉運判官。茂叔以啓謝正獻公曰：『在薄宦有四方之遊，於高賢無一日之雅。』」

營道何棄仲農父自作營道齋詩序曰：「營道縣出郭三十里，而近有村落曰濂溪，周氏

---

① 張、董、鄧三本此條全文如下：「又曰：吾十六七時好田獵，既而自謂已無此好。周茂叔曰：『何言之易也！但此心潛隱未發，一旦萌動，復如初矣。』後十二年，暮歸，在田間見獵者，不覺有喜心，因見果知未也。」較此條爲順。

② 此條據張、董、鄧三本補。

家焉。族衆而業儒。至先生遠宦，弛肩廬阜。力不能返故居，乃結屋臨流，寓濂溪之名，志鄉關在目中也。蘇、黄二公與之同時，而所爲賦詩，皆失本意。文字傳誤，吁可歎已！濂溪之周①，至今蕃衍云。」

邢恕和叔敍述明道先生事云：「茂叔聞道甚早。」王荆公爲江東提點刑獄時，已號爲通儒。茂叔遇之，與語連日夜。荆公退而精思，至忘寢食②。

① 「周」張、董、鄧三本作「後」。
② 張本、董本于此條後注云：「荆公爲提刑，在嘉祐五年，時荆公年四十，先生年四十四。」

附録一

宋史道學傳序

「道學」之名，古無是也。三代盛時，天子以是道爲政教，大臣百官有司以是道爲職業，黨庠術序師弟子以是道爲講習，四方百姓日用是道而不知。是故盈覆載之閒，無一民一物不被是道之澤，以遂其性。於斯時也，道學之名，何自而立哉。

文王、周公既没，孔子有德無位，既不能使是道之用漸被斯世。退而與其徒定禮樂，明憲章，删詩，修春秋，讚易象，討論墳、典，期使五三聖人之道昭明於無窮。故曰：「夫子賢於堯、舜遠矣。」孔子没，曾子獨得其傳，傳之子思，以及孟子，孟子没而無傳。兩漢而下，儒者之論大道，察焉而弗精，語焉而弗詳，異端邪説起而乘之，幾至大壞。

千有餘載，至宋中葉，周敦頤出於春陵，乃得聖賢不傳之學。作太極圖説、通書，推明陰陽五行之理，命於天而性於人者，瞭若指掌。張載作西銘，又極言理一分殊之旨。然後道之大原出於天者，灼然而無疑焉。仁宗明道初年，程顥及弟頤實生，及長，受業周氏。

已乃擴大其所聞，表章大學、中庸二篇，與語、孟並行，於是上自帝王傳心之奥，下至初學入德之門，融會貫通，無復餘藴。

迄宋南渡，新安朱熹得程氏正傳，其學加親切焉。大抵以格物、致知爲先，明善、誠身爲要，凡詩、書、六藝之文，與夫孔、孟之遺言，顛錯於秦火，支離於漢儒，幽沈於魏、晉、六朝者，至是皆焕然而大明，秩然而各得其所。此宋儒之學，所以度越諸子，而上接孟氏者歟！其於世代之汙隆，氣化之榮悴，有所關係也甚大。道學盛於宋，宋弗究於用，甚至有厲禁焉。後之時君世主，欲復天德王道之治，必來此取法矣。

邵雍高明英悟，程氏實推重之，舊史列之隱逸，未當，今置張載後。張栻之學，亦出程氏，既見朱熹，相與博約，又大進焉。其他程、朱門人，考其源委，各以類從，作道學傳。

宋史道學傳周敦頤傳

周敦頤，字茂叔，道州營道人，元名敦實，避英宗舊諱，改焉。以舅龍圖閣學士鄭向任爲分寧主簿。有獄，久不決，敦頤至，一訊立辨。邑人驚曰：「老吏不如也。」部使者薦之，調南安軍司理參軍。有囚法不當死，轉運使王逵欲深治之。逵，酷悍吏也，衆莫敢争，敦頤獨與之辨，不聽，乃委手板歸，將棄官去，曰：「如此尚可仕乎！殺人以媚人，吾不爲也。」逵悟，因得免。

移郴之桂陽令，治績尤著。郡守李初平賢之，語之曰：「吾欲讀書，何如？」敦頤曰：「公老，無及矣，請爲公言之。」二年，果有得。徙知南昌，南昌人皆曰：「是能辨分寧獄者，吾屬得所訴矣。」富家大姓，黠吏惡少，惴惴焉不獨以得罪於令爲憂，而又以汙穢善政爲恥。歷合州判官，事不經手，吏不敢決，雖下之，民不肯從。部使者趙抃惑於譖口，臨之甚威，敦頤處之超然。通判虔州，抃守虔，熟視其所爲，乃大悟，執其手曰：「吾幾失君矣，今而後乃知周茂叔也。」

熙寧初，知郴州。用抃及呂公著薦，爲廣東轉運判官，提點刑獄，以洗冤澤物爲己任。行部不憚勞苦，雖瘴癘險遠，亦緩視徐按。以疾，求知南康軍。因家廬山蓮花峯下，前有溪，合於湓江，取營道所居濂溪以名之。抃再鎭蜀，將奏用之，未及而卒，年五十七。

黄庭堅稱其「人品甚高，胷懷灑落，如光風霽月。廉於取名，而鋭於求志；薄於徼福，而厚於得民；菲於奉身，而燕及煢嫠；陋於希世，而尚友千古。」

博學力行，著太極圖，明天理之根源，究萬物之終始，其説曰：

「無極而太極。太極動而生陽。動極而静，静而生陰。静極復動。一動一静，互爲其根；分陰分陽，兩儀立焉。陽變陰合，而生水、火、木、金、土。五氣順布，四時行焉。五行，一陰陽也；陰陽，一太極也；太極，本無極也。五行之生也，各一其性。無極之真，二五之精，妙合而凝。『乾道成男，坤道成女』，二氣交感，化生萬物。萬物生生，而變化無窮焉。

惟人也，得其秀而最靈。形既生矣，神發知矣，五性感動，而善惡分，萬事出矣。聖人定之以中正仁義，而主静，立人極焉。故『聖人與天地合其德，日月合其明，四時合其序，鬼神合其吉凶』。君子修之吉，小人悖之凶。故曰：『立天之道，曰陰與陽；立地之道，曰柔與剛；立人之道，曰仁與義。』又曰：『原始反終，故知死生之説。』大哉易也！斯其至矣！」

又著通書四十篇，發明太極之藴。序者謂「其言約而道大，文質而義精，得孔、孟之本源，大有功於學者也。」掾南安時，程珦通判軍事，視其氣貌非常人，與語，知其爲學知道，因與爲友，使二子顥、頤往受業焉。敦頤每令尋孔、顔樂處，所樂何事？二程之學，源流乎此矣。故顥之言曰：「自再見周茂叔後，吟風弄月以歸，有『吾與點也』之意。」侯師聖學於程頤，未悟，訪敦頤。敦頤曰：「吾老矣，説不可不詳。」留對榻夜談，越三日乃還。頤驚異之曰：「非從周茂叔來耶？」其善開發人類此。

嘉定十三年，賜謚曰元公，淳祐元年封汝南伯，從祀孔子廟庭。

二子壽、燾、燾官至寶文閣待制。

録自中華書局點校本宋史卷四百二十七，標點有改動。

記濂溪傳

宋 朱熹

戊申六月，在玉山邂逅洪景盧内翰，借得所脩國史，中有濂溪、程、張等傳，盡載太極圖說。蓋濂溪於是始得立傳，作史者於此爲有功矣。

然此說本語首句，但云「無極而太極」。今傳所載，乃云「自無極而爲太極」。不知其何所據而增此「自」、「爲」二字也？夫以本文之意，親切渾全明白如此，而淺見之士猶或妄有譏議。若增此字，其爲前賢之累，啟後學之疑，益以甚矣！謂當請而改之，而或者以爲不可。昔蘇子容特以爲父辨謗之故，請删國史所記「草頭木脚」之語，而神祖猶俯從之。況此乃百世道術淵源之所繫耶！正當援此爲例，則無不可改之理矣。

録自朱子大全卷七十一

周敦頤墓誌銘①

宋　潘興嗣

吾友周茂叔，諱敦頤。其先營道人。曾祖諱從遠，祖諱智强，皆不仕。考諱輔成，任賀州桂嶺縣令，贈諫議大夫。君幼孤，依舅氏龍圖閣學士鄭向。以君有遠器，愛之如子。龍圖公名子皆用「敦」字，因以「敦」名君。

景祐中，奏補試將作監主簿，授洪州分寧縣簿。君博學力行，遇事剛果，有古人風，衆口交稱之。部使者以君爲有才幹②，奏舉南安軍司理參軍。轉運使王逵以苛刻莅下，吏無敢可否。君與之辨事，不爲屈，因置手版歸，取誥勑納之，投劾而去。逵爲之改容，復薦之。移郴令，改桂陽令，皆有治績。用薦者，遷大理寺丞，知洪州南昌縣。其爲治精密嚴恕，務盡道理，民至今思之。改太子中書簽判，覃恩改虞部員外郎，通判永州。今上即位，恩改駕部。趙公抃入參大政，奏君爲廣南東路轉運判官，稱其職。遷虞部郎中，提點本路刑獄。君盡心職事，務在矜恕。雖瘴癘僻遠，無所憚勞，竟以此得疾。懇請郡符，知南康軍。未

① 按墓誌銘至年譜各篇標題，原無「周敦頤」三字，係點校者所加。
② 「幹」字據張、董、鄧三本補。

幾，分司南京。趙公抃復奏起君，而君疾已篤。熙寧六年六月七日卒於九江郡之私弟，享年五十七。

君篤氣義①，以名節自礪，郴守李初平最知君，既薦之，又賙其所不給。初平卒，子尚幼，君護其喪以歸，葬之。士大夫聞君之風，識與不識，皆指君曰：「是能葬舉主者。」君奉養至廉，所得俸禄，分給宗族，其餘以待賓客。不知者以爲好名，君處之裕如也。在南昌時，得疾暴卒，更一日一夜始蘇。視其家，服御之物，止一敝篋，錢不滿百，人莫不歎服。此予之親見也。

嘗過潯陽，愛廬山，因築室溪上，名之曰濂溪書堂。每從容爲予言：「可止可仕，古人無所必。束髮爲學，將有以設施，可澤於斯民者，必不得已，止未晚也。此濂溪者，異時與子相從於其上，歌詠先王之道，足矣！」此君之志也。尤善談名理，深於易學。作太極圖、易説、易通數十篇，詩十卷，今藏於家。母鄭氏，封仙居縣太君。娶陸氏，職方郎中參之女。再娶蒲氏，太常丞師道之女。子二人：曰壽，曰燾，皆補太廟齋郎。以其年十一月二十一日窆於德化縣德化鄉清泉社母夫人墓左，從遺命也。壽等次列其狀來請銘，乃泣而爲之。

① 張本、鄧本「義」作「誼」。

銘曰：「人之不然，我獨然之。義貫於中，貴於自期。讙讙日甚，風俗之偷。乃如伊人，吾復何求。志固在我，壽則有命。道之不行，斯謂之病。」

周敦頤墓碣銘 大字晦庵删本，小字蒲碣全文

宋　蒲宗孟

始予有女弟，明爽端淑，欲求配而未之得。嘉祐己亥，泛蜀江，道合陽，與周君語，三日三夜。退而歎曰：「世有斯人歟！真吾妹之敵也。」明年以吾妹歸之。

周君世爲營道人，始名敦實，避英宗藩邸名，改敦頤。曾祖從遠，祖智强，皆不仕。父輔成，賀州桂嶺縣令，累贈諫議大夫。母鄭氏，仙居縣太君。君少孤，養於舅家。鄭舅爲龍圖閣學士，以恩補君試將作監主簿。自其窮時，慨然欲有所施，以見於世。故仕而必行其志，爲政必有能名。初從吏部調洪州分寧主簿。未幾，南安獄上屢覆。轉運使薦君爲南安軍司理參軍。移郴州郴縣令，又爲桂陽令。分寧有獄不決，君至一訊立辨。邑人驚詫曰：「老吏不如也。」南安囚，法不當死，轉運使欲深治之。君争不勝，投其司理參軍告身以去。曰：「如此尚可仕乎！殺人以媚人，吾不爲也。」轉運使感悟，因卒得不死。自桂陽，用薦者言，改大理寺丞。知洪之南昌。南昌人見君來，咸曰：「是能辨分寧獄者，吾屬得所訴矣。」君益思以奇自名，屠姦翦弊，如快

刀健斧，落手無留。富家大姓，黠胥惡少，惴惴懷恐，不獨以得罪於君爲憂，而又以汙善政爲恥也。江之南九十餘邑，如君比者無一二。改太子中舍，簽書合州判官事，轉殿中丞，賜五品服。一郡之事，不經君手，吏不敢決；苟下之，民不肯從。蜀之賢人君子莫不喜稱之。今資政殿學士趙公爲使者，小人陰中君。趙公惑，比去，尚疑君有過。嘉祐中，轉國子博士，通判虔州。趙公來守虔，熟視君所爲①，執君手曰：「幾失君矣！今日迺知周茂叔也。」英宗登極，遷尚書虞部員外郎。虔大火，焚其州，改通判永州，轉比部員外郎。今上即位，遷駕部員外郎。熙寧元年，擢授廣南東路轉運判官。三年，轉虞部郎中，提點本路刑獄。君以朝廷躐等見用，奮發感厲。不憚出入之勤，瘴毒之侵，雖荒崖絶島，人跡所不至處，皆緩視徐按，務以洗冤澤物爲己任。施設置措，未及盡其所爲，而君已病矣。病且劇，念其母未葬。求南康以歸。葬已。君曰：「强疾而來者爲葬耳，今猶欲以病汙麾紱耶！」病且劇，三字元在上，朱子移於此。上南康印。分司南京。趙公再尹成都，聞君之去，拜章乞起君。朝命及門，疾已革。熙寧六年六月七日卒，卒年五十七。嗟乎茂叔，命止斯乎！先時以書抵宗孟曰：「上方興起數百年，無有難能之事，

① 「視」原誤「試」，今改。

將圖太平天下，微才小智苟有所長者，莫不皆獲自盡。吾獨不能補助萬分一①，又不得竊須臾之生，以見堯舜禮樂之盛，今死矣，命也！」其語如此。嗚呼！可哀也已！

初娶陸氏，縉雲縣君；再娶吾妹，德清縣君。二子壽、燾，皆太廟齋郎。君自少信古喜義，以名節自高。李初平守郴，與君相好，不以部中吏待君。初平卒，子幼，不克葬。君曰：「吾事也。」往來其家，終始經紀之。雖至貧，不計貲，恤其宗族朋友。分司而歸，妻子饘粥不給，君曠然不以爲意也。生平襟懷飄灑，有高趣，常以仙翁隱者自許。尤樂佳山水，遇適意處，終日徜徉其間。酷愛廬阜，買田其旁，築室以居，號曰濂溪書堂。乘興結客，與高僧道人，跨松蘿，躡雲嶺，放肆於山巔水涯，彈琴吟詩，經月不返。及其以病還家，猶籃轝而往，登覽忘倦。語其友曰：「今日出處無累，正可與公等爲逍遥社，但愧以病來耳。」君之卒，四月十六日，二甥求吾銘。將以其年十一月二十一日葬君於江州德化縣德化鄉清泉社。吾嘗謂茂叔爲貧而仕，仕而有所爲，亦大槩略見於人，人亦頗知之。然至其孤風遠操，寓懷於塵埃之外，當有高棲遐遁之意，則世人未必盡知之也。於其死，吾深悲焉！故想像君之平生，而寫其所好，以寄之銘云。來求銘。三字續添。銘曰：「廬山之月兮暮而明，湓浦之風兮朝而清。翁飄飄兮何所，琴悄寂兮無聲！杳乎欲訴而奚問，浩乎欲忘而難平！山巔水涯兮，生既不得以自足，死而葬乎其間

① 編者按：「一」字據周敦頤墓室記補。

兮，又安知其不爲清風白月，往來於深林幽谷，皎皎而泠泠也！形骸兮歸此，適所願兮，攸安攸寧！」

周敦頤墓室記

宋　何子舉

先生世家春陵之濂溪。今以故里名行於湓，蓋襲春陵舊耳。自先生講道此邦，距今幾二百年。流風所漸，民醇俗魯；其爲士也願而文，過化之盛，非止家藏書、人誦言而已！邦人瞻仰有祠，學聚有堂，墓道有表揭，闕而未舉。惟春秋之祭，俎豐班榛荆，衿佩濡露雨耳！

寶祐癸丑，制帥陳公夢斗以南豫學子典郡事，二年間，恩浹和集，以公於己者公於人，克臻暇裕。於縮迫中，將以餘力起廢墜。乃諏吉，先命理掾鳩工，築室墓右。踰時告成，萃賓僚相祀，妥厥像於中，冠屨肅穆，光霽洋洋，生如也。竣事，命某有以識。

夫圖書之妙，中天日月，天下見道，即見先生。室之築，特以寄瓣香勺、齊之敬耳，尚何言以藻繪斯道！抑某反復左丞蒲公宗孟銘先生墓，不能不扼腕於仲尼日月也。其言曰：「先生疾革時，致書某：『上方興起數千百年，無有難能之事，將圖太平天下，材智皆圖自盡。吾獨不能補助萬分一，又不能竊須臾之生，以見堯舜禮樂之盛，今死矣。命也！』」

嗟乎！有是言哉！先生之學，静虚動直，明通公溥，以無欲爲入聖之門者也。窮達常變，漠無繫累，浮雲行藏，晝夜生死。其所造詣，夫豈執世俗戀榮偷生之見者，所可窺其藩！言焉不擇，左丞尚得爲知先生者！然則先生之道，豈固信於來世，而獨不知於姻親者哉！按左丞，黨金陵者也，方金陵倡新法，毒天下，熏心寵榮者，無慮皆和附一辭。其所不然者，惟特士醇儒未可以氣力奪。左丞所云：「興起數千百年，無有難能之事，吾獨不能補助」者，得無影響借重，爲新法厚自攀援者耶？牟叔遐征里粟，議者難之，遂借其説於子産。徐逢吉以河内寇爲平民，預引更生之對實其事。自古貿亂是非，往往一轍。若左丞者，設易簀之言，堅金陵無復忌憚之心，騰自欺之舌，誣先生於無從究詰之地。其爲毁譽求合，罔世塞道，又罪浮於臧倉者也。因辨識末，以質於當世君子。又一年，五月既望，後學金華何子舉撰并書。建安翁甫題額。

周敦頤事狀

宋　朱　熹

先生家世道州營道縣濂溪之上。姓周氏，名敦實，字茂叔。後避英宗舊名，改敦頤。用舅氏龍圖閣學士鄭公向奏，授洪州分寧縣主簿。縣有獄，久不決，先生至，一訊立辨，衆口交稱之。部使者薦以爲南安軍司理參軍，移郴及桂陽令。用薦者，改大理寺丞，知洪州南昌縣事，簽書合州判官廳公事，通判虔州事，改永州，權發遣邵州事。熙寧初，用趙清獻公、呂正獻公薦，爲廣南東路轉運判官，改提點刑獄公事，未幾而病。亦會水齧其先墓，遂求南康軍以歸。既葬，上其印綬，分司南京。時趙公再尹成都府，復奏起先生，朝命及門，而先生卒矣。熙寧六年六月有七日也，年五十有七。葬江州德化縣德化鄉清泉社。

先生博學力行，聞道甚早，遇事剛果，有古人風。爲政精密嚴恕，務盡道理。嘗作太極圖、易說、易通數十篇。在南安時，年少，不爲守所知。洛人程公珦攝通守事，視其氣貌非常人，與語，知其爲學知道也。因與爲友，且使其二子往受學焉。及爲郎，故事，當舉代。每一遷授，輒以先生名聞。在郴時，郡守李公初平知其賢，與之語而歎曰：「吾欲讀書，何如？」先生曰：「公老，無及矣。某也請得爲公言之。」於是初平日聽先生語，二年，果有得。而程公二子，即所謂河南二先生者也。南安獄有囚，法不當死，轉運使王逵欲深治之，逵苛刻，吏無敢與相可否。先生獨力争之，不聽，則置手版歸，取告身，委之而去。曰：「如此尚可仕乎！殺人以媚人，吾不爲也。」逵亦感悟，囚得不死。在郴、桂皆有治績。來南昌縣，人迎喜曰：「是能辨分寧獄者，吾屬得所訴矣。」於是更相告語，莫違教命。蓋不惟以抵罪爲憂，實以汙善政爲恥也。在合州，事不經先生，吏不敢決；苟下之，民不肯從。蜀之賢人君子皆喜稱之。趙公時爲使者，人或讒先生，趙公臨之甚威，而先生處之超然。趙公疑終不釋。及守虔，先生適佐州事，趙公熟視其所爲，乃悟。執其手曰：「幾失君矣！今日乃知周茂叔也。」於邵州，新學校，以教其人。及使嶺表，不憚出入之勤，瘴癘之侵，雖荒崖絶島，人跡所不至，亦必緩視徐按，務以洗冤澤物爲己任。施設置措，未及盡其所爲，而病以歸矣。

自少信古好義，以名節自砥礪，奉己甚約。俸禄盡以周宗族，奉賓友，家或無百錢之儲。李初平卒，子幼，護其喪歸葬之，又往來經紀其家，始終不懈。及分司而歸，妻子饘粥或不給，而亦曠然，不以爲意也。襟懷飄灑，雅有高趣。尤樂佳山水，遇適意處，或徜徉終日。廬山之麓，有溪焉，發源於蓮花峯下，潔清紺寒，下合於湓江。先生濯纓而樂之，因寓以濂溪之號，而築書堂於其上。豫章黄太史庭堅詩而序之曰：「茂叔人品甚高，胸中灑落，如光風霽月。」知德者亦深有取於其言云。

按：吕柟編周子抄釋事狀後附注云：「晦庵即潘誌蒲碣及孔司封、黄太史所記先生行事之實，删去重複，爲此事狀。」朱文載朱子大全卷九十八。文末有「淳熙六年六月乙巳，後學朱熹謹記」一句。

周敦頤年譜①

宋　度　正

宋真宗天禧元年丁巳，月日。先生生於道州營道縣之營樂里濂溪保。諱敦實，字茂叔。後避英宗舊諱，改敦頤。周之先，自帝嚳、后稷至太王，邑於周，後遂以爲氏。漢興，封周後於汝南，先生蓋其後也。世家營道，莫詳其遷徙所自。族衆而業儒。曾祖從遠、祖智强。智强五子：長識，天聖五年王堯臣榜第二甲及第，終汀州上杭縣令。次鐸，次正，皆不仕。次輔成，次伯高，舉進士，某年特奏名迪功郎。輔成即先生父也。大中祥符八年，蔡齊榜六舉以上，特奏名賜進士出身，終賀州桂嶺令。葬道州營道縣營樂鄉鍾樂里樓田，累贈諫議大夫。先娶唐氏，生礪，礪生仲章。唐卒，繼娶②左侍禁成都鄭燦女，是生先生。謹按：濂溪在營道之西，距縣二十餘里，蓋營州之支流也。以營道大富橋古碑記考之，自有所謂濂水者。而蘇文忠公、黃太史皆其同時人，乃專指清廉爲義，若先生名之以自況者，不知何所據也？先生常寓潯陽，愛廬山之勝，貧不能歸，遂卜居其下。因溪流以

①　編者按：此年譜與張本完全相同。

②　「繼娶」二字據鄧本補。

寓故鄉之名，築室其上，名曰濂溪書堂，示不忘父母之邦之意。學者宗之，遂號爲濂溪先生云。

二年戊午。

三年己未。

四年庚申。

五年辛酉。

乾興元年壬戌。

仁宗天聖元年癸亥。

二年甲子。

三年乙丑。

四年丙寅。

五年丁卯。

六年戊辰。

七年己巳。

先生時年十三，志趣高遠。里有濂溪，溪有橋，橋有小亭，先生常釣遊其上，吟風弄月，至今父老猶能言之。濂溪之西十里，有巖洞，高敞虛明，東西兩門，入之若月上下弦，中圓若月望，俗呼月巖。先生好遊其間，相傳覩此而悟「太極」，想當然耳。

八年庚午。

九年辛未。

先生時年十五，諫議公既卒。先生偕母僊居縣太君自營道濂溪入京師，依舅氏龍圖閣直學士鄭向。龍圖公知先生遠器，愛之如子，公以「敦」名子，因以「敦」名先生。

明道元年壬申。

二年癸酉。

景祐元年甲戌。

二年乙亥。

三年丙子。

先生時年二十，行義名稱，有聞於時。龍圖公以敍例應蔭子，乃奏補先生。試將作監主簿。是年娶陸氏，職方郎中參之女。

四年丁丑。

先生時年二十一，七月十六日，先生母僊居縣太君鄭氏卒，葬於潤州丹徒縣龍圖公之墓側。

寶元元年戊寅。

二年己卯。

康定元年庚辰。

先生時年二十四。服除，從吏部調洪州分寧縣主簿。

慶曆元年辛巳。

先生時年二十五。按先生序彭應求詩，自言慶曆初爲分寧主簿，以序考之，當是此年。時分寧縣有獄，久不決，先生至，一訊立辨。邑人驚詫曰：「老吏不如也。」由是士大夫交口稱之。嘗被臺檄攝袁州盧溪鎮市征局，袁之進士來講學於公齋者甚衆。

二年壬午。

三年癸未。

四年甲申。

先生時年二十八。部使者以爲才，奏舉南安軍司理參軍。

五年乙酉。

先生時年二十九。南安獄有囚，法不當死，轉運使王逵欲深治之。逵苛刻，吏無敢相可否。先生獨力争之，不聽，則置手版歸，取告身，委之而去。曰：「如此尚可仕乎！殺人以媚人，吾不爲也。」逵感悟，囚得不死，且賢先生。

六年丙戌。

先生時年三十。大理寺寺丞、知虔州、興國縣程公珦假倅南安，視先生氣貌非常人。與語，果知道者。因與爲友，令二子師事之。及爲郎，每遷授，當舉代，輒以先生名聞。二子即明道、伊川也。時明道年十五，伊川年十四。故明道傳云：「自十五六時，與弟頤聞周敦實論學，遂厭科舉之業，慨然有求道之志。」其後先生作太極圖，獨手授之，他莫得而聞焉。是年冬，以轉運使王逵薦郴州郴縣令，有修學記。

七年丁亥。

八年戊子。

先生時年三十二。爲郴縣令。知郴州事職方員外郎李初平知其賢，不以屬吏遇之。嘗聞先生論學，歎曰：「吾欲讀書，何如？」先生曰：「公老，無及矣！某請得爲公言之。」初平遂日聽先生語，二年而後有得。

皇祐元年己丑。

先生時年三十三。李初平卒，子幼。先生曰：「吾事也。」爲護其喪歸葬之，往來經紀其家，始終不懈。

二年庚寅。

先生時年三十四。改郴州桂陽令。

三年辛卯。

四年壬辰。

五年癸巳。

先生時年三十七。先生在郴、桂，皆有治績。諸公交薦之。

至和元年甲午。

先生時年三十八。用薦者言，改大理寺丞，知洪州南昌縣。南昌人見先生來，喜曰：「是初仕分寧，始至，能辨其疑獄者，吾屬得所訴矣。」於是更相告語，莫違教命，蓋不惟以得罪爲憂，而又以汙善政爲恥。嘗得疾，更一日夜始甦。友人潘興嗣視其家，服御之物，止一敝篋，錢不滿百。

二年乙未。

嘉祐元年丙申。

先生時年四十。改太子中舍簽書，署合州判官事。先生性好山水，泝峽至秭歸，聞龍昌洞之勝，與廬陵蔣概、洪崖彭德純遊焉。至十一月，至合州視事。

二年丁酉。

先生時年四十一。正月十五日，作彭推官宿崇聖院詩序。九月，回謁鄉士，牒稱爲「解元才郎」，今不詳爲誰氏子？蓋當時鄉貢之士，聞先生學問，多來求見耳。遂寧傅耆伯成少有俊才，年十四，薦於鄉。先生妻黨陸丞自小溪解官東歸，過合陽，爲先生言傅之爲人。先生致書於傅。傅答書云：「執事以濟衆爲懷，神所勞賚，故得高士與施至術，而心朋遠寓名方，豈不盛哉！賤子聞之，弗勝喜蹈。」後書又云：「違遠高賢，鄙吝復萌。曩接高論，固多餘意，行思坐誦，默有所得。不遂溺於時好，失於古道也。」時傅已來合陽見先生矣。後書又謂：「蒙示姤說，意遠而不迂，詞簡而有法。雜之元結集中，不知孰爲元孰爲周也？」盧次山謂其詞深義密，如軻之文。是歲轉殿中丞，賜五品服，仍判合州。志稱長子壽生於合州，當是此年。

三年戊戌。

先生時年四十二。遣人至遂寧，採問新合州使君。按先生在合州，與同事者三人：何涉、董宗式、李鄤。何涉之來在先生前，李鄤在四年十月，惟宗式在三年三月，此乃二月四日書。則所採新合州，爲宗式無疑耳！縉雲縣君陸氏以疾卒。

四年己亥。

先生時年四十三。左丞蒲公宗孟，閬中人，太常丞蒲師道之子也。從蜀江道於合，初見先生，相與款語連三日夜。退而歎曰：「世有斯人歟！」乃議以其妹歸之，是爲先生繼室。

五年庚子。

先生時年四十四。被臺檄按赤水縣簿書，與其縣令費琦遊龍多山，有詩刻石。六月十九日，先生解職事，還京師。吕給事陶爲銅梁令，有送先生序並詩。先生在合，士之從學者甚衆，而尤稱張宗範有文有行，故名其所居之亭曰「養心」，且語以聖學之要。其汲汲於傳道授業也如此！在郡四年，人心悦服。事不經先生手，吏不敢決；苟下之，人亦不從。既去，相與祠之南禪。先生東歸時，王荆公安石年四十①，提點②江東刑獄，與先生相遇，語連日夜，安石退而精思，至忘寢食。

①「四十」原作「十九」，據鄧本改。周敦頤生於宋真宗天禧元年，王安石生於宋真宗天禧五年，兩人相差四歲，作四十是。

②「提點」原作「提刑」，據鄧本改。

六年辛丑。

先生時年四十五。遂寧傅耆登第，相遇京師。先生刺云：「從表殿中丞前合州從事周某，專謁賀新恩先輩傅弟，三月十二日手謁。」是歲遷國子博士，通判虔州，道出江州，愛廬山之勝，有卜居之志。因築書堂於其麓，堂前有溪，發源蓮華峰下，潔清紺寒，下合於湓江，先生濯纓而樂之，遂寓名以濂溪。謂友人潘興嗣曰：「此濂溪者，異時與子相依其上，歌咏先王之道，足矣！」既至虔州，知虔州者，趙清獻也。先生前在合陽，清獻爲部使者，人或譖先生，清獻臨之甚威。先生處之超然。清獻疑終不釋，至是熟視先生所爲，執其手歎曰：「幾失君矣！今日乃知周茂叔也。」薦之於朝，論之於士大夫，終其身。

七年壬寅。

先生時年四十六。志稱次子壽生於虔州，當是此年。

八年癸卯。

先生時年四十七。在虔，行縣至雩都，邀餘杭錢建侯拓、四明沈幾①聖希顏遊羅巖。正月七日刻石。四月壬申朔，英宗登極，遷虞部員外郎。仍通判虔州，追贈父桂嶺君爵郎

① 「幾」字原作「希」，據鄧本改。

中。五月作愛蓮説。

英宗治平元年甲辰。

先生時年四十八。冬，虔州民間失火，焚千餘家。朝廷行遣差替，時先生季點外縣，不自辨明。遂對移通判永州。吴人程師孟時知洪州，以詩送行。有「永水自然勝瀼水，浯溪應不讓濂溪。沙頭候吏瞻星脚①，境上鄉人待馬蹄」之句。

二年乙巳。

先生時年四十九。三月十四日，自虔赴永②，同宋復古遊廬山大林寺，至山巔有詩。復古名迪，善畫。江南西路轉運使成都李公大臨才元以詩謁先生於濂溪云：「簷前翠靄逼③廬山，門掩寒流盡日閒。」指江州之濂溪也。運使李公丁憂，先生以疏慰之。四月，趙清獻尹成都，聞先生移永，寄詩云：「君向濂溪湖外行，倅旛仍喜便歸程。」指道州之濂溪也。十一月④合饗天地於圜丘，先生遷比部員外郎。在武昌，嘗以詩一軸遞中寄蒲

① 張本作「旗脚」。
② 董本、鄧本此句下有「道經江州」四字。
③ 張本作「迫」。
④ 「月」字據張本、董本、鄧本補。

左丞，除夕方達。次年正月，左丞成十詩答之。

三年丙午。

先生時年五十。在永與族叔及諸兄書云：「來春歸鄉，即遂拜侍。」又寄詩與鄉人，有「故人若問吾何況？爲道舂陵只一般」之句。

四年丁未。

先生時年五十一。先生素貧，初入京師，鬻其産以行。擇留美田十餘畝，畀周興耕之，以灑掃其父郎中之墓。至是自永州移文營道言之，因攜二子歸舂陵展墓。三月六日，與鄉人蔣璀、區有鄰、歐陽麗、理掾陳賡同遊含暉洞。洞在今營道縣南二里，刻石其陰。八日①，營道給吏文付周興，俾掌墓田，從先生之言也。神宗登極，遷朝奉郎、尚書駕部員外郎，加贈父諫議大夫。六月十四日，與其兄之子仲章手帖云：「可具酒果香茶，詣墳前告聞先公諫議」是也。先生在永三年，嘗作拙賦。既去，永人思之，爲立祠，題曰「康功」。胡宏仁仲有詩云：「千古濂溪周別駕，一篇清獻錦江詩。」是秋，攝邵州事。九月，先生自邵陽發遞，以改定同人說寄傅伯成。時傅知嘉州平羌縣。明年，傅復書云：「蒙寄貺同

① 「八日」原作「八月」，董本「八月」下有小注云：「道國志作日字是」，因據改。

人説，徐展熟讀，較以舊本，改易數字，皆人意所不到處。宜乎使人宗師仰慕之不暇也！」先是邵之學在牙城之中，左獄右庾，卑陋弗稱。先生始至，伏謁先聖祠下，起而悚然。乃度高明之地，遷於城之東南，逾月而成。

神宗熙寧元年戊申。

先生時年五十二。荆湖北路轉運使孔延之爲先生作邵州遷學記。書曰：「治平五年正月三日。」其日，先生自作釋菜文，率僚吏諸生告終先聖先師，亦書治平五年。神宗即位，改治平五年爲熙寧元年，時改元詔未到，故學記及祝詞皆作治平五年耳。後人徇尋常利便之説，輒徙其學他所，乾道九年，知州事胡侯始復其舊。張敬夫爲詳其事而記之。呂正獻公公著在侍從，聞先生名，力薦之。會清獻公在中書，擢授先生廣南東路轉運判官，先生有啟謝正獻公云：「在薄宦有四方之遊，於高賢無一日之雅。」

二年己酉。

三年庚戌。

先生時年五十四。轉虞部郎中，擢提點廣南東路刑獄。

四年辛亥。

先生時年五十五。以正月九日領提刑獄職事，行部至潮州。有題大顛堂詩云：「退之自謂如夫子，原道深排佛老非，不識大顛何似者？數書珍重更留衣。」時虞部員外郎中杜諮知端州，禁百姓采石。蓋端溪石爲硯最良，獨知州占斷，人號爲「杜萬石」。先生惡其奪民之利，因爲起請：凡仕於州者，買硯毋得過二枚，遂爲著令。先生盡心職事，務在矜恕。得罪者自以不冤。俄得疾，聞水嚙僊居縣太君鄭氏墓，遂乞南康。八月朔，移知南康軍，十二月十六日改葬鄭太君於江州德化縣盧阜清泉社三起山。葬畢。曰：「强疾而來者，爲葬耳！今猶欲以病污麾紱耶！」上南康印，分司南京而歸。

五年壬子。

先生時年五十六。先生酷愛廬阜，嘗築書堂其麓，至是定居焉。先生平日俸禄，悉以周宗族，奉賓友。及分司而歸，妻子饘粥或不給，曠然不以爲意。

六年癸丑。

先生時年五十七。時清獻公再尹成都，聞先生去官，拜章乞留。朝命及門，而先生以疾卒矣。時六月七日也。二子壽、燾，時皆太廟齋郎。以十一月二十一日葬先生於僊居縣太君鄭氏墓側，從遺命也。清逸處士潘興嗣爲墓銘，左丞蒲宗孟爲墓碣，而孔延之之子文仲爲文以祭之。有「玉色金聲，伊傅自視」等語。其後蘇文忠公追賦濂溪詩有曰：「先生豈我輩，造物乃其徒。」黄太史亦稱先生「人品甚高，胸中灑落，如光風霽月」。必其嘗見太極圖，如親見先生容貌，接其辭氣，故其爲言方能曲盡其妙如此也。今其文具載附録①，可考而知。惟先生稟生知之異質，加以汲汲於學，故一時老師宿儒，專門名家，一藝一能，有過於人，有聞於世者，無不訪問。然其所至，皆天造自得，所謂不由師傳、默契道體者，是爲得之。或謂陳摶傳种放，放傳穆修，修傳先生。今种穆所著，存於世者，古文而已，然亦未純於理。觀摶與張忠定語，及公事，先後有太極動静分陰陽之意。然其所爲龍圖記，蓋直陳其數，無復文言，與太極圖説絶不相似。今觀太極圖説精妙微密，與易大傳相類。蓋非爲此圖者，不能爲此説；非爲此説者，不能爲此圖。義理混然，出於一人之手，決非前人創圖，後人從而爲之説也。或謂「無極」二字出於老子，先生之學，蓋本於此。然老子之言無極，如列子、莊子之言無窮無極，釋氏之言無量無邊，是指四旁爲義。先生之言「無極而太極」，是指中間極至之理，未形之妙。今但以其字之同，而不察其指之大異，比而同之，不惟不足以知先生之意，恐於老子之言亦未識其指歸也。或謂先生與胡文恭公同師潤州鶴林寺僧壽涯，或謂邵康節之父邂逅文恭於廬山，從隱者老浮圖遊，遂同授易書。所謂隱者，疑即壽涯也。其後康節著皇極經世書，以數爲宗。文恭

① 按：載張本附録中，本書未收。

立朝，論堯遷閼伯於商丘主辰，遷實沉於大夏主參。商丘爲宋，宋火德；大夏爲并，并爲水。古稱參辰不竝，火盛則水衰，宜進辰抑參，蓋亦星曆之學也。

先生之學，得之者莫如明道、伊川。明道嘗云：「靈山會下若干人皆悟道，某敢道無一人悟者。若果有一人悟道，臨死時須求一尺帛裹頭。」因謂曾子以士之身死於大夫之簀爲非禮，必易之而後已。彼斷髮之人不能全而歸之，本之則無，知先生之所不取也。今以先生嘗謂問於此二人者，即謂其學本出於此二人，失之遠矣。昔孔子問禮於老聃，訪樂於萇弘。謂孔子生知，未嘗問老聃、萇弘者固不可；謂孔子之學本出於老聃、萇弘者，可乎？此不待聖智者，知其必不然矣。

先生既没，春陵人祠之學宮①，官復於里舍塑像。春秋二仲，有職於學宮者，遵故宿舍中，夙興盥薦惟謹。淳熙庚子，部博士章穎捐俸金，率士子增大之，於廳之左右闢兩齋，扁曰「吟風」，曰「弄月」，以處學者。晦菴帥長沙，首遣祝幣臨奠，今文刻祠中。

壽字季老②，一字元翁，第百一，生於合州，郡人何平仲及銅梁令呂陶皆以詩賀之。娶鄭

① 「宮」字原作「學」，據張本改。

② 「季老」原作「李老」，參照卷三與仲章侄書注改。

氏，即先生母黨。元豐五年，黄裳榜登第。初任吉州司户，次秀州知録，終司封郎中。

燾，字通老，一字次元，蒲所出，生於虔州。初授司法，元祐三年，李長寧榜登第。嘗知成都府，終朝議大夫，徽猷閣待制。既顯，累贈宣奉大夫。

先生之學，門人弟子多矣，而二程獨能傳之。二程之學，門人弟子亦多矣，而謝上蔡、楊龜山、游定夫、張思叔、侯師聖、尹彦明爲能聞之。龜山傳之羅仲素，仲素傳之李延平，延平傳之晦菴先生。上蔡及師聖傳之胡文定，文定傳之五峯，五峯傳之張敬夫，敬夫及晦菴相繼稍被召用，推明先生之學，所在祠先生於學宫，以興起學者。而又解釋太極圖説及通書，正學者之差謬，明其心法，以詔後世，使百世之下，有志之士，得其書而讀之，如親授於先生。聖賢事業，可學而能，孔孟之學，可繼而續，豈誣也哉！然必嘗從事於此，心通默識，然後爲能真知之矣。近年以來，世之推行其學，講明其踐修者益衆。臨邛魏華父了翁，除潼川憲，下問政令所當先者，正謂之曰：「濂溪先生幸仕敝鄉，下車之初，宜遺祝幣，委簽判或教官告之，以導學者趨嚮。」既而華父更思所以表顯之者，遂有易名之請，上即可之。於是下太常定議，吏部覆議，久之議上，賜謚曰元。實嘉定十三年六月二十二日也。故併書之，以見聖朝褒崇偶學，風勵學者之盛意，如此其至。有志者可不知所勉哉！

右正少時得明道、伊川之書讀之，始知推尊先生。而先生仕吾鄉時，已以文學聞於當世，遂搜求其當世遺文石刻不可得。又欲於架閣庫討其書判行事，而郡當兩江之會，屢遭大水，無復存者。始仕遂寧，聞其鄉前輩、故朝議大夫知漢州傅耆，曾從先生遊，先生嘗以姤説及同人説寄之，遂訪求之。僅得其目録，及長慶集載先生遺事頗詳。久之，又得其手書手謁二帖。其後過秭歸，得秭歸集。之成都，得李才元書臺集。至嘉定，得吕和叔淨德集。來懷安，又得蒲傅正清風集。皆載先生遺事。至於其他私記小説，及先生當時事者，皆纂而録之。一日，與今夔路運司帳幹楊齊賢相會成都，時楊方草先生年譜，且見囑以補其闕，刊其誤。楊，先生之鄉士也，操行甚高，記覽亦極詳博。意其所考訂，必已精審。退而閲之，其載先生來吾鄉歲月，頗自差舛。甚者以周恭叔事爲先生事，又以程師孟送行詩爲趙清獻詩，於是屢欲執筆，未暇也。及來重慶，官事稍閒，遂以平日之所聞者而爲此編。然其所載於先生入蜀本末爲最詳，其他亦不能保其無遺誤。有志之士，倘能垂志遍遊先生所遊之處，以訪其遺言遺行，今自以衰晚，莫能遂其初志。正往時嘗有意搜羅，補而修之，使無遺缺，實區區之志也。

嗚呼！天之未喪斯文也。故其絶千有餘年而復續，續之未久，復又晦昧，至近世而復燦然大明。小人之用事者，自以爲不利於己，盡力以抑絶之，賴天子聖明，大明黜陟，而斯文復興。如日月之麗天，人皆仰之，有願學之志。假令百世之下，或有沮毀之者，其何傷於日月乎！其何傷於日月乎！嘉定十四年八月二十九日，後學山陽度正謹序。

正頃在成都，夜讀通鑑，其後常患目昏，不能多作字。至編類濂溪家世年表，皆口授弟蕃執筆，從傍書之，及至買平紋紗衫材、樗蒲，綾袴段，蕃曰：「不太苛細否？」曰：「此固哲人細事，如食之精，膾之細，魚之餒，紺緅之飾、紅紫之服，當暑之絺綌，鄉黨皆備書之，今讀之，如生於千載之前，同堂合席也，豈可忽乎？」恐觀者之不達乎此，故併記之，以示同志云。嘉定十四年九月二十五日記。

附録二

通書序略

宋　胡　宏

通書四十章，周子之所述也。周子，名敦頤，字茂叔，舂陵人。推其道學所自，或曰：傳太極圖於穆修也，傳先天圖於种放，种放傳於陳摶，此殆學之一師歟，非其至者也。希夷先生有天下之願，而卒與鳳歌、荷蓧長往不來者伍。於聖人無可無不有之道，亦似有未至者。

程明道先生嘗謂門弟子曰：「昔受學於周子，令尋仲尼、顔子所樂者何事。」而明道先生自再見周子，吟風弄月以歸。道學之士皆謂程顥氏續孟子不傳之學，則周子豈特爲种、穆之學而止者哉！

粤若稽古孔子，述三五之道，立百王經世之法。孟軻氏闢楊、墨，推明孔子之澤，以爲萬世不斷，人謂孟氏功不在禹下。今周子啟程氏兄弟以不傳之妙，一回萬古之光明，如日麗天，將爲百世之利澤，如水行地。其功蓋在孔、孟之間矣。

人見其書之約也，而不知其道之大也；見其文之質也，而不知其義之精也；見其言之淡也，而不知其味之長也。顧愚何足以知之？然服膺有年矣。試舉其一二語，爲同志者起予之益乎！患人以發策决科、榮身肥家、希世取寵爲事也，則曰「志伊尹之所志」。患人以知識聞見爲得而自畫，不待價而自沽也，則曰「學顔子之所學」。人有真能立伊尹之志、修顔子之學者，然後知通書之言包括至大，而聖門之事業無窮矣。故此一卷書，皆發端以示人者，宜其度越諸子，直以詩、書、易、春秋、語、孟同流行乎天下。是以敘而藏之，遇天下之善士，又尚論前修而欲讀其書者，則傳焉。安定胡宏謹序。

録自張伯行編周濂溪先生全集卷七

通書後跋

宋　祁　寬

濂溪先生，姓周，名敦頤，字茂叔，世爲營道人。少孤，養於舅家，以恩補官。試吏郡縣，以至持節外臺，爲政力行其志，所臨必有能聲。卒官朝奉郎、守尚書虞部郎中，分司南京。酷愛廬阜，迺買田築室，退樂濂溪之上。人因以是稱之。名賢賦詠，及墓誌所載，皆專美其清尚而已。

先生殁，洛陽二程先生，唱學於時。辨異端，闢邪説，自孟子而下，鮮所許可。獨以先生爲知道。又云，自聞道於先生，而其學益明。明道先生曰：「吾再見周茂叔，吟風弄月而歸，得『吾與點也』之意。」伊川先生狀明道之行曰：「幼聞周茂叔論道，遂厭科舉之業，求諸六經而後得之。」其推尊之如此。於是，世方以道學歸之。其後東坡蘇公詩云：「先生本全德，廉退乃一隅。」蓋謂此爾！

通書即其所著也。始出於程門侯師聖，傳之荆門高元舉、朱子發。寬初得於高，後得於朱。又後得和靖尹先生所藏，亦云得之程氏。今之傳者是也。

逮卜居九江，得舊本於其家，比前所見，無太極圖。或云：圖乃手授二程，故程本附之卷末也。校正舛錯三十有六字，疑則闕之。夫老氏著道德五千言，世稱微妙。此書字不滿三千，道德、性命、禮樂、刑政，悉舉其要。而又名之以通，其示人至矣。學者宜盡心焉。紹興甲子春正月，武當祁寬謹題。

録自張伯行編周濂溪先生全集卷七

通書後跋

宋　張　栻

濂溪周先生通書，友人朱熹元晦以太極圖列於篇首，而題之曰太極通書。栻刻之於嚴陵學宫，以示多士。

嗟乎！自聖學不明，語道者不睹乎大全，卑則割裂而無統，高則汗漫而不精。是以性命之説，不參乎事物之際；而經世之務，僅出乎私意小智之爲，豈不可嘆哉！惟先生生乎千有餘載之後，超然獨得乎大易之傳。所謂太極圖乃其綱領也。推明動静之一源，以見生化之不窮，天命流行之體，無乎不在。文理密察，本末該貫，非闡微極幽，莫能識其指歸也。

然而學者若之何而可以進於是哉？亦曰敬而已矣。誠能起居食息，主一而不舍，則其德性之知，必有卓然不可掩於體察之際者，而後先生之藴可得而窮，太極可得而識矣。乾道庚寅閏月謹題。

録自張伯行編周濂溪先生全集卷七

伊洛正源書序

宋　陳　亮

濂溪周先生奮乎百世之下，窮太極了藴，以見聖人之心，蓋天民之先覺也。手爲太極圖，以授二程先生。前輩以爲二程之學，後更光大，而所從來不誣矣。横渠張先生崛起關西，究心於龍德正中之地，深思力行而自得之。視二程爲外兄弟之子，而相與講切，無所不盡。世以孟子比横渠，而謂二程爲顔子，其學問之淵源，顧豈苟然者！

西銘之書，明道以爲「某得此意，要非子厚筆力不能成也」。伊川之敍易、春秋，蓋其晚歲之立言以垂後者。門嘗謂其學者張繹曰：「我昔狀明道之行，我之道蓋與明道同。異時欲知我者，求之於此文可也。」其源流之可考者如此。集爲之書，以備日覽，目曰伊洛正源書。

錄自陳亮著龍川文集卷十四

濂溪遺芳集序

明　方瓊

天無意於堯、舜、禹、湯、文、武之道，則孔聖不生；天無意於孔、曾、思、孟之道，則周子不生。聖賢之生，誠不偶也。

周子生於春陵，得孔、孟不傳之緒，啟伊、洛百世之傳，與孔子之六經，殆無間然。而其十二世孫翰林博士曰冕者，手錄一册，名曰濂溪遺芳集，出以示予，且屬以序。予始疑而歎曰：大哉周子之芳，寓於圖、書者，無以加矣！播天下，傳後世，如此其大。今復欲編遺芳一集，不幾於屋上架屋乎？竊意其不必然也。博士君悵然久之，既而語予曰：「圖、書雖天下所共究，濂溪雖天下所共聞，然我春陵之所謂濂溪，所謂月巖與營道者，人未之見。愛蓮有池，池上有亭，亭池上下有光風霽月，人未之玩賞。我祖吟詠性情，愛蓮有說，示拙有賦，思親之類有詩。可其既往，上①而追封有制，下而奉祀有祠，或序或記，不一其文，是皆散在羣書，或傳録於家者，人未之悉究。他如世之文人才士，經春陵，覩遺蹟，而慕濂溪者，詠歌有唱和。士大夫親見我朝崇儒重道，爲我祖而賜冕以世膺之爵，其垂愛及冕者，亦贈別有言。是皆我祖之芳，默寓於山川，發越於吾儒，崇重於聖朝，垂裕於子孫，而圖、書所載之未盡者也。茲欲鐫於梓，傳於家，以及於人人，以便於觀覽，敢請一言序之。勿疑。」

予因其言，覽其集，始悟其意而序之曰：山名道，天啟周子以悟道之機；巖名月，天啟周子以太極之理；溪名濂，天啟周子以斯道之源。圖、書之芳，所以耿耿不磨者，誠有所自也。若夫愛蓮有說，吟詠有作，及古今人之頌揚而贈及其後裔者，乃其芳中之餘芳。集以遺芳名，宜矣。雖然，是集也，源流始末，井井有條，初非自多其一家之芳也。蓋欲發明周子之生於春陵，而明其道以著其芳者，本山水之馨香，使天下後世景仰先哲，悉於是有所考正。博士君之用心，豈不深且遠哉！弘治四年辛亥。

録自鄧顯鶴編周子全書卷八

① 「上」字原作「土」，形似而誤。

周子抄釋序

明 吕 柟

柟自幼誦濂溪周子一二言，即中心愛之，如睹其人。若當清風明月下誦之，更無他文字可好，第恨未見其書耳。既舉後，得全書刻本於寧州吕道甫氏。又恨編次失序，雅俗不倫。暇嘗第其先後，因釋其義於各章之下，分爲内外二篇。既謫解，巡按潛江初公亦甚好焉，遂命刻之解梁書院。於戲！周子精義具在此書，蓋入孔、顔之門户也，雖微釋亦可通。但始學之士，因其釋，味其言，即其言，思其人，則必不以文字焉視斯書矣！

嘉靖五年春正月後學高陵吕柟序。

録自吕柟編周子抄釋

濂溪志序

明 魯承恩

濂溪在道州西南二十里，昔爲營道縣，今爲濂溪保，宋道國周元公先生實在其地，故世皆稱爲濂溪先生。

先生之學，不由師傳，默契道體。著書立圖，貫通乎天命人心之極要，不出乎人倫日用之常。上繼往聖，下啟後儒。凡今之人，讀先生之書，未嘗不喜慕先生之道。嘉靖乙未，承恩出守和陽，幸受教於師門，竊淑先生緒餘，以飾河陽之治，獲益甚多。今轉官永泉，實先生故里。舟過廬山，拜先生之墓於潯陽。入湖藩，謁先生書院於武昌。泛洞庭，登衡嶽，涉浯溪，陟九疑，溯流而上，考先生始生之迹於故里。沿道山之麓，坐有本之亭，舉先生之道而詢諸永、道多士，及先生之裔。皆得其言，而不得其所以言。而載在簡策，尚有疑而未解者，得非紀載之未備耶？

嗚呼！先生之道，昭如日星。書不盡言，圖不盡意，則濂溪一志，雖非先生之精蘊，惡可以無成書，而供後學之取則哉！乃取而修之。既成，先生之孫博士繡麟，請授諸梓。承恩知是志也，匪一家之書，當出爲天下共之，謹述其裒集之槩於首。其於斯世斯文，未必無小補云。嘉靖十九年。

録自鄧顯鶴編周子全書卷八

濂溪集序

明　王會

會官大學時，嘗得濂溪先生年譜一書，爲友人借去，竟失之。猶記題引者爲張元楨氏云。又曾得周子大成書於某處，缺其中年表一帙，欲撿中秘書鈔補之，以史事嚴不及。癸卯歲，拜道州之命，意故里家塾，當必有之。既抵任，拜先生祠下。退而訪其嗣孫翰博周繡麟，求家傳遺書，出濂溪遺芳集一册相示。荒雜不倫，並年譜及先生述作，亦復闕遺。因歎文獻彫落，當圖改刻，乃復出年譜鈔本及搜録遺詩文凡若干。會受歸而讀之，其間又多訛脱。乃謬以己意，略加考定，而編次焉。曰遺書，曰事狀，曰年譜，曰歷代褒崇，而賢士大夫先後表彰著在紀述者，亦附録之，使後之人有所考，並圖其山川書院於卷首。雖未能著先生之大成，然學者溯是而求焉，亦可以得先生之大致矣。因題曰濂溪集，刻置書院，以備是邦文獻之闕。若乃先生之學，則圖、書固與六經、論、孟並行於世，無待於斯而後傳矣。嘉靖二十三年。

録自鄧顯鶴編周子全書卷八

周元公集序①

明　黄廷聘

濂溪先生崛起舂陵，默契道體，繼孔、孟真傳，開程、朱來學，吾道正統也。歷代褒嘉，

① 題下原注：黄廷聘江華人，嘉靖丙辰進士，官貴州僉事。

其來尚矣。雖宦寓江州，而吾州營樂鄉安定山，實誕生之地。去州治十五里許，即先生故居。子姓蕃衍，祠堂在焉。己卯，建祠於學宫西，徙其廕子翰博君居祠下。而祠宇在營樂鄉者，遂爾歲久傾圮。州守羅君斗略爲營建，猶未足以聳觀也。

萬曆癸酉，司理崔君攝道州，慨然有修復之志。今中丞趙公賢按州，瞻拜祠下，環視弗稱，而以改創鼎建屬之，鋭意經營。舊有五星墩，久没於豪右，捐金復之。大拓其址，建正廳以安公像，左右各建書舍，俾子弟肄業其中。繚以垣牆，厨庫廊舍咸備。復置常稔田若干畝，俾子孫世守以供祀事，悉協中丞公意。

載閲濂溪集舊刻，蕪漏不稱文獻，即以公餘校讐，删繁補略，凡先生之言悉録之，諸後人詩賦不與焉。類編梓成，足爲完書，其大造於先賢何如也！余因博士聯官之請，僭書簡端，以垂不朽云。萬曆二年。

録自鄧顯鶴編周子全書卷八

周濂溪先生全集序

清　張伯行

予總角時，初就塾師。先君子爲予言曰：「周、程、張、朱、孔、孟之正傳也。子其勉旃！」予已心焉識之。迨後從事舉業，而周、程、張、朱之言，僅從性理及近思録中領略大意。尚未獲盡覩全書，每時時思購之而不可得。

甲戌歲，予官中垣，居京師，乃於報國寺中偶得濂溪全集，如獲至寶。手不釋卷者累日，欲重梓以廣其傳。而繼以效力河工，及歷任山左、江左，公事悤忙，未遑遽及。

丁亥春，恭膺簡命，叨撫九閩。閩固朱夫子之鄉也。公餘，與多士講求身心性命之學，搜羅前賢遺書，以及先儒文集，凡足以發明孔、孟之理也，悉取而重訂之。因思聖學之失傳也，自孟子而後，大道不明。即以韓昌黎之才之識，猶不免孔、墨並稱，況其下焉者乎！

有宋濂溪先生崛起南服，不由師授，默契道體。上以接鄒、魯之傳，而下以啓洛、閩之緒，於無極之真，二五之精，形生神發之理，推極奥藴。且其言誠、言幾、言性安、言復執，直揭日月而昭雲漢。以故二程傳其學，朱子闡其説，字剖句晰，無微不彰，日與陸氏弟昆反覆辨難，不厭煩瀆焉，此其服膺先生當何如！

雖然，先生之所以融徹於圖象之表者，非徒在語言文字也。蓋實所養内充，春風和氣，隨時發見。故當其出，則政事精絶，宦業過人；當其處，則胸懷灑落，如光風霽月。山谷黄氏稱其「短於取名，薄於儌福，菲於奉身，陋於希世」。勉齋又言周子「以誠爲本，以欲爲戒」，先生真所謂「闇然而日章」者也。則夫後之人匪但讀其書已也，不更當緬想其爲人哉！

今者性理、近思録二書，以先生開其先，當已家傳而人誦矣。第先生全書，不敢私之什襲，且恐其歷久而或至湮没。急爲訂訛編次，付之剞劂，以公同好。俾學者知其緒餘，一根理奧。則太極一書，雖廣大精微，要其陽變陰合、誠通、誠復之理，皆得由考亭以溯伊、洛，由伊、洛以溯濂溪，藉此以表章孔、孟之傳於不墮，庶無負先君子庭訓意也。是予之願也夫！

康熙四十七年戊子臘月，儀封後學張伯行題於三山之正誼堂。

録自張伯行編周濂溪先生全集

四庫全書總目周元公集

周元公集九卷，宋周子撰。周子之學，以主静爲宗。平生精粹，盡於太極圖説、通書之中。詞章非所留意，故當時未有文集。陳振孫書録解題載有文集七卷者，後人之所編輯，非其舊也。故振孫稱「是集遺文纔數篇爲一卷，餘皆附録」，則在宋代已勉强綴合，爲數無多矣。此本亦不知何人所編，凡遺書、雜著二卷，圖譜二卷。其後五卷，則皆諸儒議論及志傳祭文，與宋本不甚相合，而大致亦不甚相遠。蓋後人病其篇目寂寥，又取所著二書編之集内，以取盈卷帙耳。

明嘉靖間，漳浦王會曾爲刊行。國朝康熙初，其裔孫沈珂又校正重鐫。先儒著述，學者所宗，固不以其太少而廢之。原本後附遺芳集五卷，乃沈珂輯其先世文章事蹟，自爲一編，與本集不相比附。今別入之總集類，不使相淆。集中愛蓮説一篇，江昱瀟湘聽雨録力攻其出於依託。然昱説亦別無顯證。流傳已久，今仍並録之焉。

四庫全書總目周子鈔釋

周子鈔釋三卷，明呂柟撰。宋五子中，惟周子著書最少。而諸儒辨論，則惟周子之書最多。無極太極之説，朱、陸兩家，齗齗相軋。至今五六百年，門户之分，甚於冰炭。太極圖説與通書表裏之説，元何書中至特著一書，辨此一語。論者亦遞相攻擊，究無定評。至於主静之説，明代詬争尤甚。是編蓋因周子全書而摭其精要。一卷爲太極圖説、通書。二卷爲遺文、遺詩，而附以雜記三卷，則本傳、墓碣、事狀也。較全書特爲簡潔。每條之下，各釋以一二語。或標其大旨，或推所未言之隱，較諸家連篇累牘之辨，亦特淳實。其釋「荀子元不識誠」一條，謂「貶荀子太過」。以大學中庸之言誠，擬荀子之言誠，未免駁雜。釋養心亭記一條，謂「『寡欲』亦『允執厥中』之義，若至於無，恐難通行於衆」。然大旨要爲不悖。觀周子之書者，其精華略具於此矣。

周子全書序

清　胡寶琮

濂溪之上，書院新成。九江太守董公既繕完其事而落之，復輯周子全書示余，將使學者知圖書精奥，性命元微，爲萬事萬物之所從出，而立誠爲本。孳孳不息，於是山下出泉，葆其静而清之，本真而毫無汩亂；優游蒙養，以果以育，斯希賢之士，載道之文，不難鼓舞振興，蔚然輩出。

全書中如手札、家郵，罔不綜收，見賢者率爾操觚，必歸於正，其和順之氣，蒸蒸溢於楮墨，足以覘所養之純粹。婦孺奚僮亦繾綣殷濃千載下，挹其辭氣夷愉，情懷衝煦，尤使人感發不能已已。洪惟聖祖仁皇帝纂性理精義一書，謂周子太極圖説、通書，誠爲學、庸、語、孟以後僅見之書，悉載全文，附以朱子解説，使學者知道理之根原，學問之樞要。世宗憲皇帝泰運光昭，乾文瑞應，五星日月，璧合珠聯，視有宋之星聚於奎，徵理學先兆者尤爲炳焕。而聖德神功所以啟文明之盛，集聖學之成者，度越百王，無與倫比。我皇上抒聖明天縱之筆，跋大學衍義之文，謂周茂叔有光風霽月氣象，蓋其廣大寬弘之量，得太極自然之理，故茂叔生知者也。又伏讀御製詩：「偉哉無極翁，粹然秉道氣。學不由師傳，理已臻極致。」所以闡明先哲之菁華，發攄斯道之統緒，至精至確，蔑以加矣。恭敍帝綸列爲卷首，蓋聖聖相承，治統道統合而爲一也。至於羣儒之發揮緒論，咸著於編，吾知濂、洛、關、閩之實學，當並燦然輝耀於時，而周子爲倡道之宗。其書潔净精微，直與易準，尤堪上續遺經，比之天球、河圖，喬煌寶貴者也。

學者服習於斯，藴爲德行，發爲事業，仰承清化，日盛月新，近大賢之居，沐其流風餘韻，倍加濯磨，而果不負吾儒守待之責也。予於兹有厚望焉。乾隆二十一年，歲在丙子，九月朔旦，撫江使者後學胡寶瑔謹序。

周子全書編後記

清 鄧顯鶴

録自董榕編周子全書

右濂溪先生全書九卷，首録二卷、末一卷，不入卷數。第一卷曰遺書一，爲太極圖、太極圖説。第二卷曰遺書二，爲通書。二書皆朱子註，别有集義、發明。謹遵欽定性理精義原本，兼採用道州家刻，詳審校訂。第三卷曰雜著，爲古今體詩三十一首，爲雜文六首，爲書帖六首，爲題名十則，以上皆先生自著。第四卷曰附録，爲贈荅四十三首，爲題詠三十首，爲祭文六首，爲題名五則。第五卷曰紀述一，其目爲文徵一，凡宋文十七篇。第六卷曰紀述二，其目曰文徵二，凡宋文五篇，元文五篇，皆略案年代敍次。第七卷曰紀述三，其目爲典章一。第八卷曰紀述四，其目爲典章二。第九卷曰紀述五，其目爲典章三。卷末曰摭録，則凡宋以來及近日之詩文皆在焉。

先是顯鶴以近人所刻圭齋文集蕪雜，釐而訂之爲十八卷、補遺一卷刊行，見者以爲善本。因思周子大儒，誕生吾楚，而其遺書、文集，苦乏精刻。明代自嘉靖、萬曆以來，州守魯承恩、王會、李嵊慈諸人刻行之本，久不見。惟道州舊刊濂溪志麻沙板本，幾不成書。近先生二十四代孫誥，家刻較勝原本，而編次亦未盡善。顯鶴生長邵州，爲先生權守過化之地。自來濂溪，僭充院長。既求先生詩，編入沅湘耆舊集前編。因取先生「閒坐小窗讀周易」句，名其齋爲讀易窗。意又以先生興起邵學，吾邵人尤不可無書。而事體重大，未敢輕舉。去歲以圭齋集寄贈吾友黔陽學黄虎癡本驥。今春覆書，盛稱是集重刻之功，而以周子全書關係尤重，從臾卒業。因取濂溪家刻，詳審編次，釐爲九卷。而别録史傳、事狀、墓誌、謚議、崇祀、追封、年譜、遺事之類，爲首二卷。冠以四庫總目提要，與先生遺像，敬謹鋟木，名曰周子全書。以先生平生精藴，全在圖書二種，當與六經、四子並垂天壤。今既校刊全集，不能不以二書編入，故易集爲書、體例略倣吕涇野周子鈔釋而變通之，詩文則稱雜著，以原非先生所留意，且其中又有手謁、題名之類，不得以詩文概也。四庫總目以謂宋五子中，先生書最少，而後人辨論亦惟先生書最多。朱、陸兩家無極、太極之辨，至於今斷斷未已。度周卿所云「百世之下，或有沮毁之者，其何傷於日月乎！其何傷於日月乎！」刻成，敬書其校刊緣起年月如此。自知僭妄，無所逃罪，然於後生小子求讀先生書者，亦未必無小補也。道光二十七年，歲次丁未，五月己卯朔，辛丑日，新化鄧顯鶴謹識於古希濂堂之讀易窗。

録自鄧顯鶴編周子全集

附録三

太極先天之圖

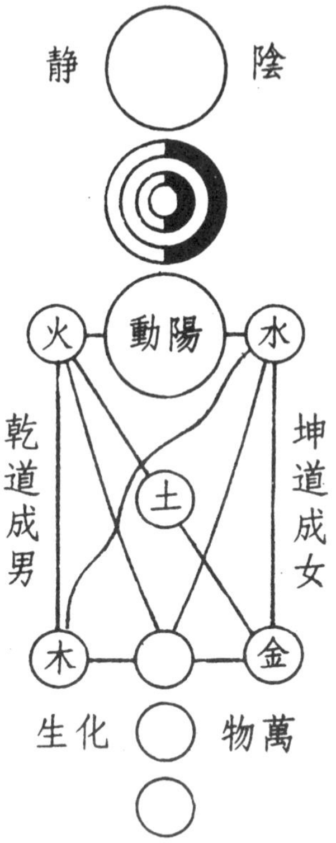

粤有太易之神，太始之氣，太初之精，太素之形，太極之道，無古無今，無始無終也。故「易有太極，是生兩儀，兩儀生四象，四象生八卦，八卦定吉凶，吉凶生大業」。言萬物皆有太極、兩儀、四象之象，四象、八卦具而未動，謂之太極。太極也者，天地之大本耶？天地分太極，萬物分天地。人資天地真元一氣之中以生成長養，觀乎人，則天地之體見矣。是故師言氣極則變，既變則通，通猶道耶？況「反者道之動」。蓋「有物混成，先天地生，寂兮寥兮，獨立而不改，周行而不殆，可以爲天下母」。母者道耶？至矣哉！道之大也！無以尚之。夫道者，有清有濁，有動有静，但凡其人行道也歟，則生神矣，夫或躬廢大方，則屈於其亡信哉！

録自道藏洞玄部靈圖類上方大洞真元妙經圖

答胡廣仲書①

宋　朱　熹

胡廣仲云：「太極圖舊本，極荷垂示。然其意義終未能曉。如陰静在上，而陽動在下，黑中有白，而白中有黑，及五行相生，先後次序，皆所未明。」答云：「太極之旨，周子立象於前，爲説於後，互相發明，平正洞達，絶無毫髮可疑。而舊傳圖説皆有謬誤，幸其失於此者，獨或有存於彼。是以向來得以參互考證，改而正之。凡所更改，皆有據依，非出於己意之私也。舊本圖子既差，而説中静而生陰，静下多一極字，亦以圖及上下文意考正而削之矣。若如所論，必以舊圖爲據，而曲爲之説，意則巧矣。然既以第一圈爲陰静，第二圈爲陽動，則夫所謂太極者，果安在耶？又謂先有無陽之陰，後有兼陰之陽，則周子本説，初

① 按：此文係節録自朱子大全卷四十二。

無此意。而天地之化，似亦不然。且程子所謂無截然爲陰爲陽之理①，即周子所謂互爲其根也。程子所謂升降生殺之大分不可無者，即周子所謂分陰分陽也。兩句相須，其義始備。故二夫子皆兩言之，未嘗偏有所廢也。今偏舉其一，而所施又不當其所。且所論先有專一之陰，後有兼體之陽，是乃截然之甚者。」

録自董榕編周子大全卷三

進周易表

宋　朱　震

臣伏奉四月二十九日聖旨，令臣進所撰周易集傳等書，仍命尚方給紙札書吏者。臣聞商瞿學於夫子，自丁寬而下，其流爲孟喜、京房。喜書見於唐人者猶可考也，一行所集房之易傳，論卦氣、納甲、五行之類。兩人之言，同出於周易繫辭、説卦，而費直亦以夫子「十翼」解説上、下經，故前代號繫辭、説卦爲周易大傳。爾後馬、鄭、荀、虞各自名家，説雖不同，要之去象數之源猶未遠也。獨魏王弼與鍾會同學，盡去舊説，雜之以莊、老之言。於是儒者專尚文辭，不復推原大傳天人之道，自是分裂而不合者，七百餘年矣！

---

① 第二「爲」字據朱子大全補。

國家龍興，異人間出。濮上陳摶以先天圖傳种放，放傳穆修，修傳李之才，之才傳邵雍。放以河圖、洛書傳李溉，溉傳許堅，堅傳范諤昌，諤昌傳劉牧。修以太極圖傳周敦頤，敦頤傳程頤、程顥。是時張載講學於二程、邵雍之間。故雍著皇極經世之書，牧陳天地五十有五之數，敦頤作通書，程頤述易傳，載造太和、三兩等篇。或明其象，或論其數，或傳其辭，或兼而明之。更唱迭和，相爲表裏，有所未盡，以待後學。

臣頃者遊宦西洛，獲觀遺書，問疑請益，徧訪師門，而後粗窺一二。造次不捨，十有八年，起政和丙申，終紹興甲寅。成周易集傳九卷，周易圖三卷，周易叢說一卷。以易傳爲宗，和會雍、載之論，上採漢、魏、吴、晉、元魏，下逮有唐及今。包括異同，補苴罅漏，庶幾道離而復合。不敢傳諸博雅，姑以自備遺忘。豈期清問俯及蒭蕘。昔虞翻講明秘説，辨正流俗，依經以立注，嘗曰：「使天下一人知，已足以不恨。」而臣親逢陛下，曲訪淺陋，則臣之所遇，過於昔人遠矣。其書繕寫一十三册，謹隨狀上進，以聞。謹進。

録自朱震著漢上易傳

太極圖

宋　朱　震

右太極圖，周敦實茂叔傳二程先生。茂叔曰：「無極而太極。太極動而生陽，動極而

靜，靜極而生陰。靜極復動。一動一靜，互爲其根；分陰分陽，兩儀立焉。陽變陰合，

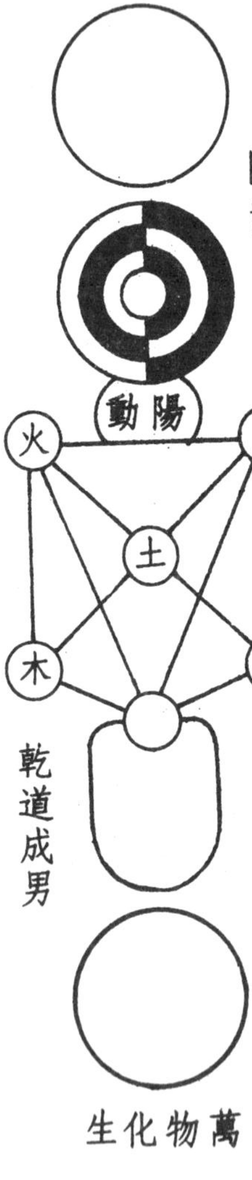

而生水、火、木、金、土。五氣順布，四時行焉。五行，一陰陽也；陰陽，一太極也；太極，本無極也。五行之生也，各一其性。無極之真，二五之精，妙合而凝。『乾道成男，坤道成女』，二氣交感，化生萬物。萬物生生，而變化無窮焉。唯人也，得其秀而最靈。形既生矣，神發知矣，五性感動，而善惡分，萬事出矣。聖人定之以中正仁義，聖人之道，仁義中正而已矣。而主靜，無欲則靜。立人極焉。故『聖人與天地合其德，日月合其明，四時合其序，鬼神合其吉凶』。君子修之吉，小人悖之凶。故曰：『立天之道，曰陰與陽；立地之道，曰柔與剛；立人之道，曰仁與義。』又曰：『原始反終，故知死生之説。』大哉易也，斯其至矣！」

録自朱震著漢上易傳·卦圖卷上

太極圖説遺議

清　毛奇齡

宋乾道間所傳周子太極新圖

參同契　水火匡廓圖　三五至精圖

宋紹興間所進周子太極原圖

唐真元經品太極先天合一之圖

諸家太極圖

太極圖説「自無極而爲太極」至末

太極圖説遺議宋周敦頤，字茂叔，號濂溪，著太極圖説。

宋乾道間朱子元晦所傳周子濂溪太極新圖

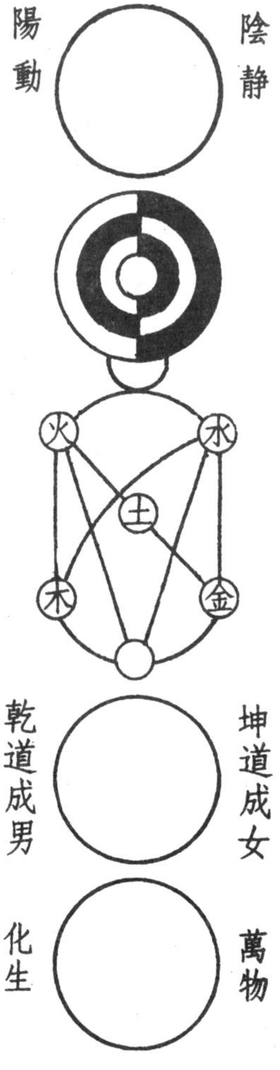

太極無所爲圖也。

張南軒曰：「太極不可爲圖。」林黄中曰：「太極無形，圖于何有？」

況其所爲圖者，雖出自周子濂溪，爲趙宋儒門之首，而實本之二氏之所傳。

太極圖一傳自陳摶。摶，華山道士，號希夷，宋儒稱希夷先生。朱子作名臣言行録，有陳摶傳。朱内翰震進易説表，謂摶以太極圖傳种放，放傳穆修，修傳周敦頤。胡五峯作通書序云：「敦頤得太極圖於穆修，修得於种放，放得於陳摶，要非其至者。」

一傳自僧壽涯。張南軒曰：「周濂溪之學，始宗陳希夷，後從穆修、邵康節遊。又嘗學于潤州鶴林寺僧壽涯，故其所本正而取材廣也。」胡氏汲仲作大同論有云：「孟子没後，道潛統絶。子周子起，然後潛者復光，絶者復續。河南程氏二子得周子之傳，周子之傳出于北固竹林寺僧壽涯，而爲理學之首倡。」胡雙湖一桂著啓蒙翼傳有云：「晁景迂云：『胡武平、周茂叔同師潤州鶴林寺僧壽涯，其後武平傳其學于家，茂叔傳二程子。』」按：竹林即鶴林，北固即潤州。或云：「陳摶師麻衣。」麻衣即壽涯也。則時稍相去，濂溪或不能從學。

然其説則從來有之。宋儒傳麻衣道者正易心法四十二章，章四句，句四言。題希夷先生受并消息。李侍郎壽翁刊于當塗。乾道間南康戴師愈孔文始爲之跋以行。朱子疑是書即戴師愈僞作。以爲師愈曾爲湘陰主簿，來謁，即及麻衣易説。問其師傳，則云：「得之隱者。」後至其家，見几間有雜書一篇，其詞氣宛然麻衣易也。又云：「夫麻衣爲方外之士，然其爲希夷所敬如此，則其爲説必有奇絶過人者，豈若是之庸瑣哉！」張南軒曰：「麻衣道者之書，希夷、隱君實傳其學，二君高視塵外，皆有長往之願，豈莊、列之徒與！」　山陽度正，字周卿，朱晦庵門人。有云：「或謂周先生與胡文恭公同師鶴林寺僧壽涯。」又謂「邵康節之父邂逅文恭公于廬山，從隱者老浮屠游，遂同受易學。　則所謂隱者，疑即壽涯也。」按李潛序麻衣易云：「是書頃得之廬山隱者。」此亦與廬山隱者老浮屠說合。則度正謂隱者即壽涯，自必有據。　或又云：「李潛得麻衣易于許堅。」按堅亦陳摶後人。　宋史稱堅授圖、書于范諤昌，諤昌授之劉、穆，則或當時并授太極圖，未可知也。

乃其所傳者，則又竊取魏伯陽參同契中水火匡廓與三五至精兩圖，而合爲一圖。

漢魏伯陽參同契圖

水火匡廓

三五至精

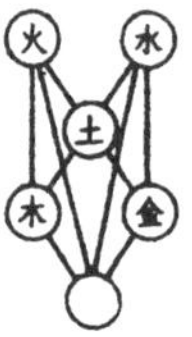

參同契，後漢魏伯陽作。　按：參同契，道家之書。　原本三篇，五代末孟蜀彭曉爲之分章，且序云：「伯陽會稽上虞人，其書密示青州徐從事，令牋註。　徐隱名而註之，書末自序姓氏，有『鄶國鄙夫』語。」　朱子註曰：「當是會稽，隱語作鄶也。」

水火匡廓圖者，以章首有「坎離匡廓，運轂正軸」二語。　彭氏本作匡廓，朱子考異本作匡郭。　所云水、火，即坎、離也。　舊註：「天地設位，日月運行，循環如匡廓。」　朱註：「乾、坤位乎上下，而坎、離升降乎其間。先天之位，所云乾南坤北，坎離東西是也。故其象如垣郭之形，其升降如車軸之貫轂以運輪，一下而一上也。」丹家以坎、離爲用，故輪而象之。彭序曰：「敍其離坎，直指汞鉛；列以乾坤，奠量鼎器；明之父母，保其始終；合以夫妻，拘其交媾。」朱子曰：「此書大要在坎離二字。」又曰：「參同以坎離爲藥。餘者爲火候。」又名水火二用圖，則又取「天地者乾坤之象，坎離者乾坤之用」二語。皆參同文。蓋其圖正作坎、離二卦，而運爲一軸，非所謂「兩儀」也。亦非所謂陽動生陰，陰靜復生陽也。其中一○，則坎、離之胎也。左爲離，白黑白，即☲也。右爲坎，黑白黑，即☵也。按潛初子有觀象原始圖，本道家所作。元末王肩望曾採之入易説中。而明岳氏元聲重刻之爲己書，其名有乾坤設位、坎離迭運、艮震一氣、巽兑同宫四圖。皆合兩卦爲一圖。而畫作三輪，與此正同。第其圖皆上下合，如乾坤，坎離，艮震，巽兑，而此獨横分者。朱子云：「邵子謂乾坤定上下之位，坎離列左右之門。參同首卦位鋪排都只一般。」正指此圖而言。若以文言，則乾坤門户、坎離匡廓，與邵言正反，何曾鋪排一般也。夫亦惟坎離同廓，中分左右則兩，皆卦體合軸而運，因得就陰陽間錯，而畫爲三輪。如以爲兩儀，則兩儀兩也，烏得有三輪於其間哉？宋王秋山大易緝説中有三輪之問，究無解説。如以爲陽中有陰，陰中有陽，則一爲少陽，一爲少陰。少陰、少陽，固不宜有三輪；藉有之，則亦四象中之二，其於老陽、老陰，尚未之備也。在兩儀既多其一，而在四象則又

闕其二，展轉相度，無一而可。則其明明爲坎離匡廓，而斷非太極，亦可驗矣。

至于三五至精圖則取「三五與一，天地至精」語，出五行逆克章「三五與一，天地至精，可以口訣，難以言傳。」而分五行爲三五，中央土，一五也，天五生土也。左火與木，共一五也。地二生火，天三生木也，二三，五也。右水與金，又共一五也。天一生水，地四生金也，一四，亦五也。故其爲生序，則水承坎下，火承離下。其爲行序，則金盛爲水，木盛爲火，而合復歸於一元。其中金水以小畫相鉤連共一五，木火以小畫相鉤共共一五，而總連於土之一五，然後復歸於一元，合三五而皆鉤連於一○焉。則此一○者，三五之合，非二五之合，朱子圖說解，謂五○爲五行，各一其性，一○爲無極，陰陽五行，妙合無間。三五之精，非「二五之精」。圖說有「二五之精」語，謂陰陽五行也。正襲參同「三五至精」意。蓋丹家水火必還一元，故其後復有「含元播精，三五歸一」之語。假曰太極二五妙合無間，則此時尚未生男女也。生男共女，已有一○在下矣。則此未生男女時，○于何所？且太極陰陽，既已遞生爲五行，則五行即陰陽，陰陽即太極也，尚何有陰自爲陰，陽自爲陽，太極自太極，三分鼎足，得與五行爲對峙，而後「妙合無間」哉？況其所謂五行者，俱不合也。參同五行以水火爲君，故列上；以金木爲水火之母，故列下。而土則合水火而歸于一元，故居中。宋儒以之言太極，則大不合。即非禹謨相克之序，又非洪範生成之次，目之爲地上五行，既已可笑。又以水火加土上，爲不生于土，小畫與土相鉤連，爲四行從土中過，展轉猜度，烏知是參同五行也?始知竊取者無一得當者也。第其圖自朱子註參同契後,則學者多删之。參同契舊秖三篇,西蜀彭曉分爲九十章。朱子復并爲三篇,名曰考異。其中多移易舊文,改竄語字,至于圖則槩删之。後有跋語,朱子自詭其名曰空同道士鄒訢。按胡雙湖啟蒙翼傳中載其文,且曰:「文公雖託名於人,其實鄒訢即公姓名也。向解者以爲鄒者朱之轉,訢者熹之轉耳。」後據考異本原有註云:「按鄒本春秋邾子之國。樂記云:『天地訢合。』鄭氏註:訢當作熹。則實實鄒訢二字即朱熹二字,他人不解也。第跋語或載前,或載後,各本不同。惟彭氏舊本,則或九或七,其圖猶存。徐氏牋註本已亡,他本龐雜不足據。唯彭本有水火匡廓圖、三五至精圖、斗建子午圖、將指天罡圖、昏見圖、晨見圖、九宮八卦圖、八卦納甲圖、含元播精三五歸一圖、然或並至精、歸一圖,或並斗建、將指圖,故或九,或七。今藏書家與道家多有之。以其書本丹竈家抽坎填離之術,故隋唐志以其書入道藏中。相傳漢桓帝時淳于叔通受其學,始以行世。張平叔詩云:『叔通受學魏伯陽,留爲萬古丹經王。』若夫摶所授圖竊自伯陽,則在朱子亦未嘗諱言者。朱子曰:『先天圖與納音相應,蔡季通言與參同契合,今觀其圖』云云。『觀其圖』是觀伯陽圖也。若先天圖,非其圖矣。又云:『邵子發明先天圖,圖傳自希夷,希夷又自有所傳,蓋方士技術用以修煉,參同契所言是也。』又云:『伯陽參同契,恐希夷之學有些是其源流。』又云:『邵子得於希夷,希夷源流自參同契,是以從上處之也。』」

或云:其圖在隋、唐之間,有道士作真元品者,先竊其圖入品中,爲太極先天之圖,此即摶之竊之所自始。且其稱名有「無極」二字,在唐玄宗序中。

道藏有上方大洞真元妙經品，唐玄宗御製序曰：「真元聖主上方開化無極，太上靈寶天尊宣揚教範，命真仙之衆，傳經化人」云云。①

初亦疑之，及觀其圖，則適與南宋紹興間朱內翰震所進圖合。

道經有御製序，奉敕入藏，似非可僞者，特必得儒書考證，方可據也。　朱子字子發，高宗聞講易，稱旨特給筆札，令著易說以進。　其圖則易說中所並進者。

宋紹興間所進周子太極原圖

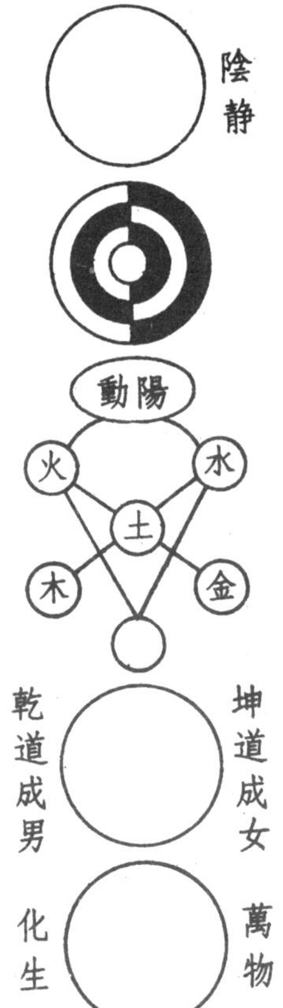

① 道藏洞玄部靈圖類上方大洞真元妙經品唐明皇御製序原文爲：「是者，真元聖主上方開化無極，太上靈寶天尊居一氣化均之天，九清自然之國，翠華闕庭，紫真宮掖，升千光雲殿，登七珍寶座，俯視蒼生，崇猷或略。於是天真宣揚教範，命真仙之衆，傳經化人」云云。

此朱内翰所進圖也。以陽動註三輪圖下小〇内。見朱氏易卦圖上卷。

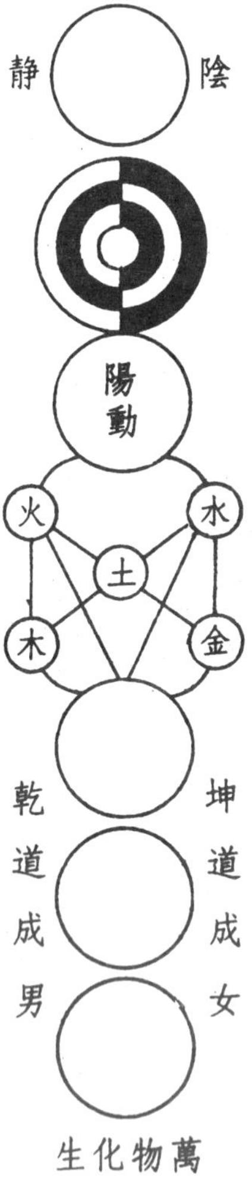

唐真元品太極先天合一之圖

此太極先天合一圖也。道家以太乙爲太極，即一元也。然非第一〇也，亦非三輪圖也。第一〇爲陰靜，第二爲坎離匡郭，第三〇爲陽動，此即先天圖也。所云：「乾坤定南北，坎離分左右」者，是也。但坎離之中一小〇，則一元也。陰陽水火所媾之胎，復鍊以五行水、火、木、金、土，三五之精，而歸于一元，則于是五行之下，又有第四〇，即太極也。夫然後生生不窮，加二〇焉。則是第四大〇與第二小〇，皆爲太極。而連上三〇，則爲太極先天之圖。其義如此。

初讀漢上易説，見其所進圖，以「陰動」註首〇之右，而以「陽動」註三輪圖下一〇之中，朱子圖解之所謂五行「交系於上」之)(間者，深以爲怪。夫陰陽動靜有左右，而無上下。即有上下，亦天地設位，尊卑以陳，陽上而陰下有之，未有陽在下而陰在上者，豈陰陽互視爲否、泰，而坎離顛倒爲既、未濟耶？及得真元經品圖，則然後知太極先天舊固竊之爲一圖，而摶又從而分之者也。夫先天之本參同，有明徵矣。朱子、蔡季通亦言之屢矣。其值日納甲、三五歸之法，亦既詳而且晰矣。參同之訣、本以乾坤水火爲抽填之祕，而坎離橫陳，乾坤直列，摶之所謂以乾南坤北，離左坎右，爲先天者；而匡廓運軸則以坎離爲車軸之貫，輪轉上下，乾之南者有時而北，坤之北者有時而南。而究其要訣，則必如鼎器歌云：「陰在上、陽下奔」者。朱子註云：「此是要法。」故其文有云：「上德無爲，不可察求；言陰在上，主靜也。下德爲之，其用不休。」言陽在下，主動也。而朱子註云：「上德即上文所謂雌，陰也；下德即上文所謂雄，陽也。」蓋陰貴上而陽貴下，陰欲靜而陽欲動。此在趙宋以前，六季以後，實竊參同爲太極先天一圖。而摶復取而轉分之，然且分之未净，故在周子所傳，則尚列陰陽於上下。蓋方士指畫，原未檢點。且或另有秘旨，而其後儒者傳之，則必另加修飾，使其無弊，無弊而後已。而不知失其本來，且輪蹄蹤跡未嘗能掩人以所不見也。圖形仍不可掩，如陽動一○，仍在圖下，初改爲，後改爲，後又改爲，然仍有作一○者。張浮峯曰：「古凡傳信，以所見所聞爲斷，重先後也。朱震進圖、國史進圖說，俱先於輯周子文集，則自可取信。今輯文集者，其不用國史，固不待言，乃所載圖說，必以潘清逸墓誌爲據，則斷宜備載其文入集中矣。乃又以不合己意，一字不録，即舊時行實亦概删去，而别爲事狀以行之，則何所傳信乎？紬他人之書，以就己意，此著書通病也。」夫隋、唐、趙宋不相接也，方士畫於前，儒臣進於後，不相謀也。一入道藏，一入綸館，又未嘗相通也。而兩圖蹤蹟合若一轍，誰爲之者？聞之漢上所進圖，在高宗紹興甲寅，而親見其圖而摩畫之，則在徽宗政和之丙申，其間遊仕西洛，搜討遺文，質疑請益，寢食不捨者一十八年，然後著成易傳九卷，易圖五卷，豈復有一切於其間者！況其圖後註云：「右太極圖，周敦實茂叔傳二程先生。」其稱敦實，則猶在英宗以前未經避諱改名之際。敦實改敦頤，避英宗諱也。其圖之最真而最先，已瞭然矣。濂溪達人，不假移易，且亦所謂「非其至者」，而後之人必從而回護之，何也？

則必隋、唐先有其圖，而摶又從而轉竊之，然且分圖爲二：一曰先天，一曰太極。先天圖别有辨説，若其本之參同契，則朱子已詳言之，其説見前。

其在當時傳太極者，頗知所自，悉不以其圖爲然。故宋、元間人，凡言易家，輒自爲一圖。而鈎深抉隱、穿鑿變怪之害生焉。顧自漢、晉以後，隋、唐以前，闡辭釋象，並不敢妄加點畫於其間。而其後繪畫滿紙，千態萬狀，皆自此始。

蔡季通自然圖 一名太極真圖

劉長民易鈎隱圖

董季真會通圖

乾兌離震
巽坎艮坤
太陽少陰
少陽太陰
陽陰
太極

林德久易裨傳圖

王秋山大易緝説圖

楊鼎卿古註圖

胡玉齋啟蒙圖

洪容齋六十四卦生自兩儀圖

張仲純圖

閭丘逢辰圖

熊任重本義集成圖

李蒙齋學易記圖

同州王湜先生學易圖

吴草廬纂言圖

鮑天厚發微易類圖

胡雲峰圖

乃其所爲説，或不必果周子所作。

陸梭山曰：「圖説與通書不類，疑非周子所作。朱子編次周子文集，書後有自註云：『武當祁寛字居之又謂圖象乃先生指畫以語二程，而未嘗有所爲書。』則舊原有謂非周子作者。

即果周子作，亦但就二家所授，而因以成文。必非其深知篤信以爲與三聖之所言無少間也，況其説則又純乎二氏之學，而不可爲訓。

張横渠曰：「大易不言有無，言有無，諸子之陋也。」又曰：「諸子淺妄，有有無之分，非窮理之學也。」又曰：「不悟一陰一陽，範圍天地，通乎晝夜，三極大中之矩，遂使儒、佛、老、莊混然一途。語天道性命，不罔於恍惚夢幻，則定以有生於無。不知擇術而求多見，其蔽於詖，而陷於淫矣。」　按子厚與濂溪同時，親見圖説，明明知「有生於無」爲圖說中旨，乃痛加訴厲，至斥爲儒、佛、老、莊詖淫邪遁，一至於此，他可勿問矣。

彼二氏平時皆以儒說爲未精，必欲有所加於太極之上。而或引而不發，或發而不敢實予之以加之之名，而不意圖說爲之加之。

莊子云：「在太極之先而不爲高」，此欲加之端也。真西山云：「莊子以道在太極之先。所謂太極，乃是將作天、地、人三者已具而渾淪未判者之名。」淮南子云：「引類於太極之上」，與莊子同。高誘註云：「太極，天地始形之時也。」是皆幾幾欲加之，而引而不發，未嘗實有所加也。然在列子則早已陰立諸「太」，而特未敢顯然與太極並列其名，但曰：「有太易，有太初，有太始，有太素。」太易者，未見氣也；太初者，氣之始也；太始者，形之始也；太素者，質之始也。至僞爲三墳書者，則始攙太極於太始、太易之中。三墳僞書，出自宋元豐中。其太古河圖代姓紀有太始、太極、太易、太初、太素諸名。然尚曰：「太始爲一，太極次之，太易爲二，太初爲四，」太始數一，一爲太極；太易數二，二爲兩儀；太初數四，四爲四象。而易緯鉤命訣①則直曰：「天地未分之前，謂之一氣。于中有太易、太初、太始、太素、太極，而爲五運。」四「太」解義與列子同。按：易緯爲漢時術士讖緯之書。鉤命訣已亡，此散見他書註中。則直降太極於末，而升四「太」於太極之

① 鉤命訣爲孝經緯，易緯二字誤。

前。故禪源銓集有原人論云：「彼始曰太易，五重運轉，乃至太極。」禪源銓集唐圭峰僧著。又衛琪云：「五『太』以前，冲穆無朕，不可稱説。五『太』見易鉤命訣。」則在漢後二氏，始於太極之上實有所加，然而猶未加以「無」也。自緯書有乾坤鑿度，未知出於何時，其書詭稱黄帝讚，而中多引孔子爲言。後漢黄琬、張衡諸傳皆有引註，意必後漢人僞作。中歷引列子四「太」，而斷之曰：「太易始著，太極成。太極成，乾坤行。」太易，無也；太極，有也。太易從無入有，聖人知太易有理未形，故曰太易。則始逗「無」字，而其所謂「無極無形，太極有理」之説，此宋儒解圖説語。正與「太易有理未形」句相合。已駸駸乎具之矣。及王輔嗣作易註，則老氏學也。引老子及易緯之説。註云：「夫『有』必始於『無』。」老子原有「始生於無」語。故太極生兩儀。太極者無稱之稱，不可得而名，取其「有」之所極，況之太極者也。而於是「無」之名生焉。是以唐僧杜順作華嚴疏，其演義杜順，號帝心，肅宗時僧。有云：「以四『太』言之，則太易爲始；以五『太』言之，則太極爲終。夫『一陰一陽之謂道』，道者何？『無』之稱也。但寂然無體，不可爲象，必『有』之用極，而『無』之功顯。」此即「不言太極，則無極淪於虚寂」諸説所始。則是以「無」爲極，以極爲「無」。「無」在極前，與極在「無」後。在二氏所言，亦既斷斷焉無所不至，而特未嘗以現成「無極」二字顯加之太極之上，而圖説加且其所加者，則又歷見之道、釋諸書，明立其名，以與太極相牴牾者，曰「無極」。之。

夫易與書皆有「極」字，然皆有「有」字。易曰：「易有太極。」書曰：「皇建其有極。」又曰：「會其有極，歸其有極。」出洪範篇。惟二氏則皆有「無極」二字見於其篇，如老子曰：「知白守黑，復歸於無極。」出知其雄章。莊子曰：「入無窮之門，以遊無極之野。」出在宥篇。柳子厚天對曰：「無極之極，莽瀰無垠。」則正用莊子語。列子曰：「物之終始，初無極已。」又曰：「無則無極。」此列子湯問夏革篇語。又曰：「無則無極，有則有盡。」「無極之外，復無無極；無盡之中，復無無盡。無極復無無極，無盡復無無盡。是以知其無極、無盡也，而不知其有極、有盡也。」汲冢周書曰：「正人莫如有極，道天莫如無極。」是書晉太康中出於魏安釐王塚。按安釐王卒於東周君十三年戊午。是時無焚書之禍，安得殉書塚中？況所殉者，適所逸者也？自周戊午至晉太康元年，已五百二十三年。墓中竹簡焉有不毀？此皆西晉老氏之徒所僞爲者。宋李燾曰：「此僞書，託周爲名也。」參同契曰：「往來洞無極。」出關鍵三寶章。後秦僧肇論中和集曰：「妙契之致，本乎冥一，物我玄會，歸於無極。」僧肇，後秦姚萇①時人作肇論，入藏。此出通古第十七篇。又唐清涼國師普賢行願品疏有云：「靈鑒虛

① 編者案：姚萇應作姚興。以上引僧肇語見肇論涅槃無名論通古第十七。

極，保合太和。」而唐僧圭峰①註云：「虚極者，無極。謂虚無太極之道也。」又關中王宏撰云：「無極之真，出唐僧華嚴經法界觀。」按清涼、圭峰皆唐時國師，法界觀亦唐僧帝心作，然未考。况唐玄宗時則實有上方大洞真元妙經品爲太極圖之所自始。而玄宗敕賜入藏，且御製以序。首稱「真元聖主上方開化無極」寶號，所以闡太極、先天，而頌爲真元無極之妙品。則此無極者明明爲二氏歷建之名，與仙佛共著之目，而且根氏參同，發源道藏無極、太極，竟爲此圖所本來。則雖至德要道，爲吾學必須，亦且姑避其名，以防侵蝕溷餚之害。况公然方士所傳，老僧所授，以二氏家人述二氏宗旨，而以之增損吾聖人之言，是亂之也。且夫子「太極」一言，亦何嘗少有遺憾，以俟後人之補救。即其言果有遺憾，而在春秋以後，趙宋以前，歷千三百年，文人學士皆不以此言有所惑悞而必藉補救，則亦可以止矣。當時國史，以濂溪儒宗，載圖説原文，入濂溪傳中。本曰「自無極而爲太極」，而南宋儒者刻其説於乾道間，則曰「無極而太極」，或曰國史增「自」「爲」二字，或曰後儒去「自」「爲」二字，皆不可定，而元時爲宋史者，則始去二字，與宋儒合。

① 編者案：宗密世稱圭峯禪師。

圖說曰：「無極而太極。」全文分載，不遺一字。圖說在程、邵諸儒未嘗言及，故世亦未見其文。至南渡後，朱子始刻其文於乾道間。而當時見者，皆不能信，多起而争之。然在所争者亦祇見「無極而太極」作五字句。及朱子遇洪景盧於玉山，語及原文，知國史於濂溪傳中所載圖說首句作「自無極而爲太極」時，景盧爲史官，遂借觀其所藏史本，請去「自」「爲」二字，不可得。乃指爲史官所增擬，請改去。圖說附録朱子云：「夫以本文之渾全明白，猶或妄有譏議。若增此字，其爲前修之累，啓後學之疑，益以甚矣。」夫史官無改人成文者，史局條例：若載人成文賦頌、奏議等入本傳中，但許删篇段，不許删字句。至改竄，則一概禁絶。況景盧名邁，即洪容齋也。容齋博覈伉直，定無訛錯與益損二弊。即或非其手筆，係前人史官，然亦何苦爲此？乃後人以爲朱子删去「自」「爲」二字，如韓苑洛輩。則又不可定。若史文則終宋之世未嘗請改，祇存其說於語録中。且引蘇子容請改史文故事，以明可改之例。朱語録云：「會當請而改之，而或者以爲不可。昔蘇子容特以爲父辨謗之故，請刊國史所記『草頭木脚』之語，神祖猶俯從之，況此乃百世道術淵源之所繫耶！正當援此爲例，則無不可改之理。」而宋後爲史者，始據朱子本得改去焉。乃其時所争者，仍祇「無極而太極」一語。

其時左之者多，右之者亦不少。惟陸子静則顯然有主客往復，見於諸書。向時講朱、陸異同，極祖朱子。今平情以觀，知子静所言，亦未可盡非也。朱子論「無極」要義，全見於與陸梭山書。其平時語録中亦載此言，今性理卷首亦有之。朱子與陸梭山書有云：「不言無極，則太極同於一物，而不足爲萬化根本；不言太極，則無極淪於虚寂，而不能爲萬化根本。」按性理、語録後「萬化」字爲「萬物」，又有差等。陸子所復凡三，其要言亦祇在第一復中。陸子答書有云：「夫太極者，實有是理，聖人從而發明之耳。其爲萬化根本，固自素定。其足不足、能不能豈以人言不言之故耶？作大傳時不言無極，太極何嘗『同於一物，而不足爲萬化根本』耶！洪範『五皇極』列在九疇之中，不言無極，太極亦何嘗『同於一物，而不足爲萬化根本』耶？」按：朱子與陸梭山書不知何時，其與子静書則在淳熙丁未。以子静不伏其言，而朱子詢之，故子静有復書，其書約二千言。梭山，子静兄子美，名九韶，自號梭山老圃。其他往復，則主客短長，兩兩自見。要之，陸子亦未知就裏者。朱子又書云：「伏羲作易，自一畫以下；文王演易，自乾元以下，未嘗言太極也，而孔子言之。孔子贊易，自太極以下，未嘗言無極也，而周子言之。先聖後聖，豈不同條而共貫哉？若於此有以灼然實見太極之真體，則知不言者不爲少，而言之者不爲多矣。」按此亦載之圖説總論之首。往時魏文靖講學道南書院，極不伏此語，謂甫云：「『不言無極，則太極同於一物』，是斷斷不可不言矣。」又云：「『不言不爲少』，此是何説？且其云伏羲文王不言，而孔子言之；孔子不言，而周子言之。亦未是。孔子言太極，未嘗于伏羲一畫之下增一畫，文王乾元之下補一元也。假使周子言易，如通書言誠，言德，言仁義中正，則又何礙？惟言無極，則于孔子之言太極未免于繫，此非孔子不言，而周子可言者。大凡論辨，須對針切，勿自語自言，正謂是也。」其餘往復多旁及。惟陸子以陰陽爲道，朱子以太極爲物，陰陽爲形器，此是欲加無極主意。所謂對針者，今略載後。　朱云：「無極即是無形，太極即是有理，周先生恐學者錯認太極別爲一物，故著無極二字以明之。」陸云：「『形而上者謂之道』，又云『一陰一陽之謂道』，一陰一陽已是形而上者，況太極乎？自有大傳，至今幾年，未聞有錯認太極別爲一物者。設有愚謬至此，奚啻『不能以三隅反』，何足上煩特地于太極上加無極以曉之乎！」朱云：「既曰『形而上者謂之道』矣，又曰『一陰一陽之謂道』，此豈真以陰陽爲形而上者哉！正所以見一陰一陽雖屬形器，然其所以一陰而一陽者，是乃道體之所爲也。故語道體之至極，則謂之太極；語太極之流行，則謂之道。」陸云：「直以陰陽爲形器，而不得爲道，此尤不敢聞命。易之爲道，一陰一陽而已。先後始終，動靜晦明，上下進退，往來闔闢，盈虛消長，何適而非一陰一陽哉！說卦曰：『觀變于陰陽而立卦。』又曰：『是以立天之道，曰陰與陽。』今顧以陰陽爲非道，而直謂之形器，其孰爲昧于道器之分哉？」朱云：「若以陰陽爲形而上者，則形而下者復是何物？若某愚見，與其所聞，則曰：凡有形有象者，皆器也；其所以爲是器之理者，則道也。如來書所謂始終、晦明、奇偶之屬，皆陰陽所爲之器；獨其所以爲是器之理，如日之明，耳之聰，父之慈，子之孝，乃爲道耳。如此分別，似差明白，不知尊意以爲如何？」

而未嘗及其全文，今考其全文，則亦不無可疑者。

圖說曰：「太極動而生陽，動極而靜，靜而生陰，靜極復動。」

此陳摶語也。山陽度正，朱子之門人。有云：「觀摶與張忠定語及公事，先後有太極動静分陰陽之意。」又朱子書周子文集後云：「按張忠定嘗從希夷學，而其論公事之有陰陽，頗與圖説意合。竊疑是説之傳，固有端緒。」則朱子亦自疑其説本陳摶矣，此朱子守南康時，編輯周集，而附此語。

附先竟山①動静生陰陽論　易曰：「動静有常」，言陰陽也。天地位而有尊卑，尊卑陳而有動静。故陽動陰静，亦言其既生之後，大概有然。未聞生陰陽而先有動静者也。夫陰陽未生，渾然太極，此時尚未有陰陽之可名，焉有動静？夫既以陽爲動矣，又曰動生陽，將陽生陽乎？既以陰爲静矣，又曰静生陰，將陰生陰乎？且夫陰陽、動静雖似有分屬，而至于生，則未有不兼動静者也。陽生于子，則陽氣動；陰生于午，則陰氣動。故動静者，雖陰陽之别，亦生息之分。動則生，不動則息，故陽動則陰息，陰動則陽息，陰陽動静，互爲推遷；是一動一静，在陰陽尚未能分，而謂太極分之乎？今試執塗人而問之曰：陽生于子而息于巳，陰生于午而息于亥，夫人而知之也；曰陽自子至巳而六時動，陰自午至亥而六時静，則雖愚者猶疑之也。況以月計之，則自子至巳，自午至

①　編者案：毛奇齡之父毛鏡，字竟山。參看四庫全書總目竟山樂録條。

亥，已及半載，而生而至極，極而復生，則在陰陽生息已不能如許之偏，而謂太極所生，必極而後反，又必反而後復生，是上半年太極動，下半年太極靜，無是理也。夫聖人之言，明白顯著。人不於聖人之言是求，而必求之儒者之言，以致紛紛爭執，彼我成訐，亦復何爲？夫説易，可不讀易乎？易曰：「夫乾，其靜也專，其動也直，是以大生焉。夫坤，其靜也翕，其動也闢，是以廣生焉。」是陽不必專動也，動亦陽，靜亦陽也；陰不必專靜也，靜亦陰，動亦陰也。若夫生則既兼動靜，而又必自靜而至于動，而然後得生。故陽至動直而後大生，陰必至動闢而後廣生。吾向所謂生必兼動靜者，此也。向所謂動則生，不動則息者，此也。向所謂陽動則陰息，陰動則陽息，一動一靜，互爲推遷者，此也。若夫陰陽動靜，合而生物，乾元資始，焉有動靜？則又資生之前，太極元始所最著者。夫大易具在也，其言陰陽、言動靜，又歷歷有可驗也。人敢于議易，而必不敢議圖說；敢于改聖言，變聖言，侮聖人之言，而必不敢言儒者之言之非，不亦悲乎！

圖說曰：「一動一靜，互爲其根。」

說見前。根字在儒書無據。唯老子曰：「玄牝之門，是謂天地根。」又曰：「使氣曰彊，是謂深根固蔕。」莊子云：「自本自根，未有天地，自古以固存。」註云：「明無不待有而無也。」禪源諸銓云：「萬物芸芸，各歸其根。況人爲三才之最靈，而本無源乎？」① 此唐僧圭峰所銓釋者。二句亦見老子。若人爲最靈，則圖説直用其語。原人論云：「兩儀生四象，禀氣受質，漸成諸根。」華嚴疏云：「從五大根生十一根，五大者，水、火、木、金、土也。」大傳有四象，無五行，此生五行與圖説同。原人論、華嚴疏俱見前。

圖説曰：「分陰分陽，兩儀立焉。陽變陰合，而生水、火、木、金、土。五氣順布，四時行焉。五行，一陰陽也；陰陽，一太極也；太極，本無極也。」

太極、五行出二氏書，以太極無五行也。夫有陰陽即有五行，彼皇極不言五行乎？曰：皇極有五行，太極無五行，皇極以疇，此以卦也。大衍之註無五行乎？曰：大衍有五行，太極無五行，大衍以蓍數，此以卦象也。蓋陰陽能生五行，五行不能生八卦，不能生八卦，則不之及。土無卦位，而坎、離、震、兑雖配四行，然實無坎、離、震、兑生坤、乾、艮、巽之理，此非無五行也，不能生八卦，則不之及也。故夫子曰：「兩儀生四象，」不及五行，四非五也。兩儀生四象，合爲二四。二四，非二五也。自列子有云：出天瑞篇。「易變而爲一，一變而爲七，七變而爲九。九者，究也，乃復變而爲一。」其註

① 毛奇齡在引用佛教典籍時，或有删節，或用己意加以改寫，與原文多有出入。

云：「易即太易也。」謂四「太」之首也，猶圖説無極也。變而爲一者，氣變而後有太極也。謂氣之始。有太極而後有陰陽、五行，故曰一變爲七。即太極生兩儀、四象。夫七者，陰陽數二，五行數五，合之爲七。則此七者，正圖説之所爲陰陽生五行也，正圖説之所爲「二五之精」也。二五者，七也。至七變爲九，則又以六老陰、七少陽、八少陰、九老陽以合之四象生八卦之數。以爲乾九者，陽數之極。究者，極也，故又變而爲一；此即有必歸于無，終必歸于始，所謂「太極本無極」者。則明明白白列子釋太極一章，而圖説襲之以成文者，真二氏之書也。故黄庭經云：「五行相推大歸一。」正言五行，正言歸一。而易緯乾鑿度云：「太極分而爲二。」註：「七九、八六。」則正攙二五陽九于其中。而唐僧圭峰于圓覺經疏講易四德，有云：「惟此四故，是五行故，是四時故。」則又正以五行攙四時之先，所謂「五行順布，四時行焉」者。凡諸圖説，與諸佛、道藏講太極者，無不脗合。是二氏之先，原以易理爲根柢，扳援成説，如所謂「黄老之學，二家所共」者。故陳搏授之，壽涯傳之，而無所疑也。若漢儒釋四象多指四時，以易文有「變通莫大乎四時」語也。故虞翻曰：「四象，四時也；兩儀，謂乾坤也。乾二五之坤成坎，坤二五之乾成離，坎之二四同功爲互震，離之二四同功爲互兑。一中男、長男，爲冬春；一中女、少女，爲夏秋。至四時所生，則坎之三五同功爲互艮，離之三五同功爲互巽，而八卦成焉。」此四象之説也。乾鑿度又曰：「天地有春秋冬夏之節，故生四時；四時各有陰陽剛柔之分，故生八卦。」然虞翻又曰：「乾坤生于春，艮兑生于夏，震巽生于秋，坎離生于冬。」則合坎離上互而爲夏，合坎離下互而爲秋者。要之，皆指四時，不指五行也。若其後易有四象，則侯果之註又指上下神物爲象形，故曰所以爲示。至王弼作易註，則但曰：「卦以象之。」始直指卦象。所云老陽、少陰、老陰、少陰者，宋、元人皆宗之。前所及圖象十數家，皆是也。若其次第，則元方回作易集義序所爲太陽一，少陰二，少陽三，太陰四，此皆于太極八卦有關會者。唯孔穎達作王註疏義，則本列氏學，雜及五行。而邵雍作皇極經世則又變而爲日月、星辰、火水、石土爲四象。夫以五行爲四象，四象固不辭；即以日月、星辰、火水、石土爲四象，四象亦不辭。然而安能生八卦哉？

圖説曰：「五行之生也，各一其性。無極之真，二五之精，妙合而凝。」無極、二五説見前。但其所爲「真」與「合」與「凝」者，則二氏書俱有之。豈晉、唐道、釋曾讀太極圖説過耶？抑陰合耶？且二氏之書，其不講易者夥夥也。即講易，而不講太極者，又夥夥也。講易講太極，而皆與此同，則此所來矣。華嚴疏曰：「周易爲真無，老子爲虚無。」真無即無極之真也。華嚴疏見前。且彼亦以「真」字爲儒書所無，爲二氏所私有，故凡言「真」，則必分彼此。如普賢行願品華嚴普賢行願品見前。曰：「彼指乾元，此明真界。」原人論見前。曰：「太極生兩儀，彼說自然大道，如此說真性。」彼者儒也，此者我也，佛也。彼以「真」字爲吾儒所必不道，爲三古以還儒書所必不有，故直判之爲此外氏家之物，爲外氏家之名。而我忽有之，彼耶，此耶？儒耶，佛耶？夫彼尚知有彼此，而力爲分別，而我翻不然，何也？若夫性與我合，人與王合，保合太和，爲佛家要旨。故原人論云：「含無混沌，名爲無始，形氣之始，即彼太極也。」雨下不流，陰氣凝也。陰陽相合，方能生成。」此與「妙合而凝」有相發者。故麻衣道者，即壽涯也。其正易心法有曰：「六十四卦，惟乾與坤，本之自然，是名真體。六子重卦，乾坤雜氣，悉是假合。」其言「真」、言「合」，亦無不同。若陳摶所作易龍圖記自序有云：「今存已合之位，或疑之，況更陳其未合之數耶？」吾不知其所爲「合」者，何指也。按摶所作龍圖記不可考，其序則載諸易說中。龍圖者，龍馬圖也。

在初誦其文時，祇以爲圖說可疑，原無幾語。其餘多易文，此無容置喙者。而以今觀之，則亦未嘗無可疑也。因著爲遺議，而雜引其可據者，而記之于篇。

圖說曰：「乾道成男，坤道成女。二氣交感，化生萬物，萬物生而變化無窮焉。惟人也，得其秀而最靈。形既生矣，神發智矣，五性感動而善惡分，萬事出矣。聖人定之以中正仁義，而主靜，立人極焉。故「聖人與天地合其德，日月合其明，四時合其序，鬼神合其吉凶。」君子修之吉，小人悖之凶。故曰：「立天之道，曰陰與陽；立地之道，曰柔與剛；立人之道，曰仁與義。」又曰：「原始返終，故知生死之説。」大哉易也！斯其至矣！

唐宗作華嚴疏序，清凉國師爲註解，有云：「天地未分，謂之一氣；天道始分，即有五運。形質已具，謂之太極。轉變五氣，五氣，即金、木、水、火、土也。遂成五會。有天道焉，有地道焉，有人道焉。」説卦云：「昔者聖人之作易也，將以順性命之理，是以立天之道，曰陰與陽；立地之道，曰柔與剛；立人之道，曰仁與義。」「是故知幽明之性，原始反終，是故知生死之説。」此圖説所本也。不然，「仰以觀于天文」節有三截，三「是故」，獨引取「原始反終」中一截，何引易皆脗合如此？

録自毛奇齡著西河合集

中華書局
初版責編　嚴健羽